시천주와 다시개벽

【 侍天主와 다시開闢 】

◉ 증산도상생문화총서 018
시천주侍天主와 다시개벽

발행사항 : 2013년 6월 11일 초판 발행
글쓴이 : 문계석
펴낸이 : 안중건
펴낸곳 : 상생출판
주소 : 대전광역시 중구 선화동 289-1번지
전화 : 070-8644-3161
팩스 : 0505-116-9308
E-mail : sangsaengbooks@sangsaengbooks.co.kr
출판등록 : 2005년 3월 11일(제175호)
ⓒ 2013 상생출판

ISBN 978-89-94295-48-0
ISBN 978-89-957399-1-4(세트)

시천주와 다시개벽

侍天主와 다시開闢

문계석 지음

상생출판

머리말

　과거의 역사적 상황을 돌이켜 볼 때, 지난 19세기는 동·서 몇몇 열강 제국주의 세력이 지구촌 약소국을 침범하여 국권을 침탈하고, 거기에 식민화정책을 뿌리내리던 격동의 시대였다. 동북아 극동에 위치한 조선 또한 예외는 아니어서 제국주의 세력이 몰려들어 오자, 이에 조선왕조의 국권은 풍전등화의 일로에 처하게 됐다. 설상가상이라고나 할까. 조선왕조의 버팀목이었던 유학의 도덕적 이념이 유명무실해지고, 왕조사회의 기강이 와해되면서 사회질서의 체제가 급격히 무너지게 되었다. 이로 말미암아 백성들의 삶은 피폐할 대로 피폐하여 절박한 상태에 놓이게 된 것이다. 이러한 역사적 상황 속에서 새로운 종교가 태동하게 되는데, 바로 동학東學이다.

　동학은 오래 전에 불교, 도교, 유교의 외래종교가 들어와 뿌리를 내려온 조선 땅에서 수운水雲 최제우崔濟愚(1824~1864)가 창교한 한민족 고유의 토착종교이다. 이 동학을 가장 간단하게 이해할 수 있는 방법은 서양 기독교의 서학西學에 대비하여 보는 것이다. 서학은 서양에서 창도된 것이고, 동학은 극동 아시아 조선에서 창도

된 것이다. 서학은 서도西道를 가르치고 동학은 동도東道를 가르친다. 그런데 동도에는 대체로 유도, 불도, 선도 등이 포함되어 있다. 수운이 새롭게 창도한 동학이 위대한 것은 서교의 서도와 동도를 종합적으로 망라하여 미래의 역사와 문명을 새롭게 열어주는 도라는 것이다.

동학이 새로운 역사와 문명을 열어주는 종교라는 것은 무엇에 근거하는가? 그것은 신관神觀과 개벽관開闢觀에 있다.

신관의 핵심 코드는 천주관이 중심이다. 천주관은 천주의 조화섭리造化攝理에 의거하는데, 여기에는 동아시아의 기론氣論적 사유와 지존무상의 절대자가 중심이 되는 주재신관이 융합되어 있다. 기론적 사유는 천주의 지기至氣 사상으로 펼쳐지며, 천주의 지기至氣는 곧 전통적인 도기론道氣論이나 음양론 등을 하나로 묶는 근거가 되고 있다. 주재신관은 "시천주侍天主"사상에 의거하는데, 모심의 대상인 천주는 바로 인격적 상제上帝라는 사실이다. 천주의 이러한 조화섭리는 곧 서교에서 주축이 되고 있는 창조신관을 포섭하여 동·서 신관을 하나로 통섭하는 제3의 신관을 제시해주고 있다.

개벽관은 동학의 '다시개벽'사상에 근거한다. 다시개벽은 후천개벽後天開闢을 의미한다. 후천개벽 사상은 곧 전무후무한 새로운 시운時運, 즉 무극지운無極之運을 전제하는데, 기존의 문명을 매듭짓고 근대의 새로운 문명을 열어주는 기폭제가 된다고 할 수 있다. 다시개벽 때에는 무극지운에 걸맞은 새로운 대도가 세상에 출현하여 개벽세상을 주도하게 된다. 새로운 대도는 다름 아닌 주재자 상제의 무극대도이다.

결과적으로 말해서 새로운 역사와 문명을 열어주는 동학은 서학과는 달리 후천개벽을 기저에 깔고서 시천주 신앙을 통해 상제의 대도를 체득하여 삶의 최고의 가치가 되는 신인합일神人合一의 조화인간이 됨을 목적으로 하고 있다. 그래서 동학은 그 요체가 되는 우주론, 종교적인 신앙의 핵심이 되는 신관, 인간 삶의 가치관을 전체적으로 아울러서 골격을 구축한 종교사상이라 할 수 있는 것이다.

그런데 수운이 동학을 창도한 이후 몇 세대가 지났다. 그동안에 동학의 이론적인 방면과 실천적인 방면에 대한 연구는 실로 방대하다. 동학에 대한 상당히 많은 연구물들은 전적으로 기존 연구자들이 쏟아 부운 무한한 노고의 결과들일 것이다. 그들은 동학을 종교의 신학적인 측면, 사회의 기능적 측면, 인간의 수행적 측면 등, 실로 다양한 각도에서 조명하여 빛나는 연구물을 축적해 놓은 것이다.

특히 '동학'하면 생각의 여과 없이 떠오르는 것은 수운 사후(30년 후) 1894년에 일어난 '동학농민혁명'[1]이다. 당시 일본제국의 식민정책에 의해 조선왕조는 국권이 침탈되었고, 유교적 사회기강

---

1 갑오동학혁명이 발발하게 된 까닭을 소략해보자. 수운이 처형된지 얼마 후에 동학 내부에서는 낡은 사회를 혁파하고 새로운 세상을 열려는 급진세력이 싹트기 시작한다. 처음에 동학도들은 교조신원의 요구를 명분으로 출발하였으나 나중에 보은집회(1893년)에서는 정치적인 구호인 '척왜양창의斥倭洋倡義'를 내세웠다. 이 시기에 호남의 접주(남접)은 동학의 2대 교주 해월海月의 통제를 벗어나 독자적으로 집회를 가졌고, 갑오년 3월에 급기야 무장투쟁을 벌이면서 새 세상을 열망하는 동학농민혁명이 일어났던 것이다. (김철수, 『전봉준 장군과 동학혁명』, 63–70; 111–117쪽 참조.) 동학혁명과 관련하여 우리는 「안심가」의 내용, 즉 "개같은 왜적놈을 한울님께 조화造化받아 일야一夜에 멸滅하고서 전지무궁傳之無窮 하여놓고 대보단大報壇에 맹세盟誓하고 한汗의 원수怨讐 갚아보세"를 지적할 수 있다.

이 문란해져 변혁의 시점에 직면하게 되었으며, 급기야 조선왕조에 갑오 농민혁명이 발발하게 되었던 것이다. 이 농민혁명을 진압하기 위해 일본 식민세력의 군대가 들어와 무자비하게 탄압하였으며, 이로 말미암아 수십만(대략 60만)의 조선 백성들은 처참하게 죽음을 맞이했다. 이와 관련하여 동학사상이 농민전쟁의 실천적 이념으로 사회적 기능에 얼마나 기여하게 되었는가를 분석하는 사회운동사적 시각에서 접근한 연구 성과물은 실로 괄목할만하다고 본다.

그러나 동학에 대한 사상사적, 종교사적, 사회운동사적 시각에서 바라본 심층적인 연구물들이 그간에 다각적으로 많이 나왔을지라도, 이들 중에는 동학을 바라보는 관점을 달리하거나 혹은 상충되는 각도에서 동학을 조명하는 측면도 많이 있을 것이고, 때로 수운이 의도했던 것과는 거리가 있는 내용들도 있을 것이다. 나아가 동학을 지엽적으로 바라보거나 사회적 기능에 대한 실천적인 면을 너무 지나치게 강조한 나머지 편협한 시각에서 분석한 연구물도 더러 있을 것이다. 그래서 필자는 동학을 연구하는 후학들이 만일 동학의 근본사상이 무엇인가를 제대로 분석하여 규명하지도 않은 채 지엽적이고 편협한 면만을 이끌어내어 논의한다면, 이 또한 장님이 집을 지을 때 코끼리 다리를 잡고서 기둥을 세우려하는 것처럼 무모한 작업이 될 것이라고 생각한다.

동학을 연구함에 있어서 간과하지 말아야 할 중요한 것은 무엇보다도 먼저 수운이 원래 전하고자 했던 동학의 핵심이론에 대한 올바른 접근과 이해가 선행되어야 한다는 것이다. 이 작업은 동학사상의 근간根幹을 바로 세우는 일이기도 하며, 어쩌면 동학을 연구하는 후학들의 사상적 지표를 마련해 주는 일이기도 하다. 그렇지 않으면 동학사상의 진면목은 지엽적이거나 편협한 논의에 그칠 수도 있을 것이고, 2대 교주인 해월海月 최시형崔時亨(1827~1898)의 "양천주養天主"사상으로 빠져 동학의 근본이념이 변질되어 나타날 우려도 있을 것이며, 심지어 의암義菴 손병희孫秉熙(1862~1898)가 창교한 천도교天道敎의 "인내천人乃天"사상으로 왜곡될 우려도 발생할 것이다.

동학사상의 핵심이론을 보다 올바르게 파헤쳐 이해하려면 탐구의 방향은 '시천주侍天主'와 '다시개벽'의 사상에 그 초점이 맞추어져야 할 것이다. 바로 이러한 관점을 보다 적확的確하게 천착穿鑿하여 드러내기 위해서 필자는 먼저 동북아 한반도에 위치한 조선에서 동학이 출현할 수밖에 없었던 시대적 배경을 소략해 보았다. 그런 다음 동학에서 신앙의 요체가 되는 천주의 정체성을 올바르게 파악하여 확고하게 인식하고자 노력해 보았다. 그 일환으로 필자는 천주에 대한 개념적 정의를 구명究明하면서 기존 연구자들의 견해를 비판적으로 검토하였고, 천주로부터 도출되는 천도와 지기至氣의 문제를 다양한 시각에서 접근해 보았으며, 시천주 신앙에 근거한 천주와의 합일의 의미 분석을 곁들여 보았다. 마지막으로 필자는 수운이 제창한 다시개벽의 진의를 소략해 보았는데, 이는 우주변화의 관점에서 볼 때 다시개벽으로 인한 무극대도無極大道가 세상에 출현하여 새 시대를 주도해 나갈 원리적 정당성을 밝히는 것으로 한정하였다.

동학사상의 근간을 세우는 일은 그리 수월한 것이 아니다. 올바른 접근 방법의 하나는 수운이 동학을 창도했던 시점으로 돌아가 그가 원래 선포하고자 했던 사상의 핵심만을 간취하여 체계적으로 개괄해 보는 것이다. 그러기 위해 필자는 수운이 직접 저술한 것으로 전해지는 원전原典, 즉 한문으로 기록한 『동경대전東經大全』[2]과 한글로 작성된 『용담유사』[3]를 철저히 탐독한 후, 가능한 한 이경해경以經解經의 방법으로 글을 작성하고자 노력했다. 그러다 보니 이 글은 기존의 동학 연구자들이 이룩해 놓은 연구결과와 관점을 달리하는 내용도 있을 것이고, 원전의 핵심 내용을 잘못 이해하여 오류를 범한 부분이 나올 수도 있을 것이다. 하여 필자는 수운의 의도에서 빗나간 사상이 있다면 간파되는 대로 수정보완할 예정이다.

이 글을 내면서 필자는 동학 연구자들과 독자들의 심도 있는 관심과 아낌없는 충언을 고대해 본다.

---

2 수운이 쓴 『東經大全』은 윤석산尹錫山의 주해본註解本에 기록된 원전을 탐독하였고, 필자는 이를 인용했다.

3 『용담유사』는 『천도교 경전天道教 經典』에 기록된 것과 이세권李世權이 주해註解한 『용담유사』를 인용했다. 『용담유사』는 「교훈가」, 「안심가」, 「용담가」, 「몽중노소문답가」, 「도수사」, 「권학가」, 「도덕가」, 「흥비가」, 「검결」로 구성되어 있다.

차 례

동학을 창도한 **수운 최제우대신사** (1824~1864)
경주 가정리 용담정에 수운대신사의 영정이 모셔져 있다.

1. 동학을 창교한 수운

수운水雲 최제우崔濟愚는 세계열강 제국주의 침탈로 인해 누란의 위기에 처해 있던 동방 조선의 땅에서 1824년에 태어나 1860년에 득도得道하여 절대자인 천주天主로부터 천시天時에 맞는 도를 받아 내렸다. 이로써 그는 한민족의 새로운 종교, 즉 동학東學을 창교한 것이다.

●**수운 대신사의 유허비**…이곳은 1824년에 수운 대신사가 태어난 생가 터다.

동학의 창교는 다른 사람도 아니고 왜 하필 수운이어야 했는가? 중요한 것은 절대자 천주가 지극정성으로 대도를 구하는 수운을 만났고, 그로 하여금 "천명天命과 신교神敎를 내려 대도를 세우게 했다."(『도전』[4] 2:30:14)는 데에서 그

---

4 『甑山道 道典』 앞으로 『도전』으로 표기함.

이유를 찾아볼 수 있다는 것이다. 천명과 신교를 받아 내린 새로운 대도에 대하여 수운은 "나의 도는 지금도 듣지 못하고 예전에도 듣지 못한 일이요, 지금도 (어느 도와도) 비길 수 없고 예전에 (어느 도와도) 비길 수 없는 법이다. 닦은 사람은 허한 것 같으나 실지가 있고 듣는 사람은 실지가 있는 것 같으나 허한 것이다."[5]라고 말한다.

수운이 제시한 도법은 한마디로 말해서 다시개벽으로 열리는 새 시대의 시운에 맞는 무극대도無極大道이다. 무극대도는 절대자 천주의 도이다. 그는 각고의 수행 끝에 득도하여 절대자 천주로부터 다시개벽의 도법을 직접 내려 받아 새로운 종교, 동학을 창교하게 됐던 것이다.

1) 동학의 창교 배경

수운은 『용담유사』 「교훈가」에서 "유도불도儒道佛道 누천년累千年에 운運이 역시亦是 다했던가."라고 선언한다. 여기에서 우리는 오래 전에 유교, 불교, 도교가 창궐하여 조선으로 유입되었고, 수운이 태어난 조선의 백성들은 오래 동안 유교, 불교, 도교 등을 신앙해 왔었음을 짐작해볼 수 있다. 그런데 수운은 기존의 신앙 체계를 다 버리고 새로운 종교인 동학을 창교하게 된 것이다. 결정

---

5 "吾道 今不聞古不聞之事, 今不比古不比之法也. 修者 如虛而有實, 聞者 如實而有虛也."(『東經大全』「論學文」)

적인 원인은 어디에 있었을까? 물론 여러 직접적인 요인들이 있었 겠지만, 대표적으로 꼽을 수 있는 것은 조선왕조가 처했던 내우 외환內憂外患과 천주학天主學이라는 새로운 종교의 유입이 도화선 이 됐을 것으로 보인다.

수운은 젊은 시절에 전국을 돌아보면서 민중들의 삶을 둘러보 고 세태를 살펴보았다. 그 결과 당시의 조선사회는 열강 제국주의 침탈로 국권의 존립이 붕괴일로에 놓여 있었고, 조선왕조를 지탱 해온 유교문화의 사회질서가 붕괴되어 민중들의 삶은 극도로 피 폐해 있었음을 체험하게 된다. 조선의 민중들은 절체절명의 위기 의식과 극도의 절망의 시대를 살고 있었던 것이다. 이에 수운은 민중들을 태평곡 격양가擊壤歌가 울려 퍼지는 세상에서 살도록 해야겠다는 소명의식, 즉 새 시대의 종교문화를 창도해야하는 천 명天命을 깨닫게 된다. 이러한 사실은 수운이 곧 동학을 창교하게 되는 직접적인 원인이라고 말할 수 있을 것이다.

내우외환內憂外患

수운은 유명한 유학자의 집안에서 서자로 태어났다. 아버지 근 암近菴 최옥崔鋈은 늦도록 자식이 없다가 환갑이 넘어서야 단봇 짐으로 떠들어온 과부를 만나 수운을 낳았던 것이다.[6] 수운은 어

---

6 金鼎尙(凡父), 『풍류정신』, 82-83쪽 참조.

려서부터 총명과 기백이 비상했던 것은 물론이고, 비범한 안광을 가진 남다른 용모를 지녔던 것으로 보인다. 그는 서자출신이었음에도 불구하고 노부의 사랑과 귀염을 받으면서 유년시절부터 선비로 자랐고 상당한 학식도 쌓았다.

하지만 누구에게도 통정할 수 없는 번민과 고독한 심정은 항상 그를 따라다녔을 것으로 추정된다. 그는 유소시절인 7세 때쯤에 생모를 여읜 후, 16세 때에 부친인 근암공도 별세하여 3년 상을 마치자 18세에 집을 나가 호협들과 교류하면서 활도 쏘고, 술도 마시기도 했다. 마침내 그는 자기 정체성을 찾기 시작한 21세(1844년)부터 31세(1854년)까지 무려 10년의 세월 동안을 호구지책으로 장사를 하며 전국을 돌아다니게 된다.

수운이 세상 사람들의 삶과 세태를 직접 목도하게 된 것은 이 때부터이다. 그가 전국을 주유周遊했다는 사실은 천주의 가르침에 대한 화답和答을 노래한 시詩, 즉 「화결시和訣詩」에 잘 나타나 있다. "나라의 방방곡곡을 다니면서 다 돌아보니, 물이면 물, 산이면 산 모두를 다 알겠더라."[7] 그리고 그가 세태를 목도하게 됐다는 사실은 「권학가」의 "강산江山구경 다던지고 인심풍속人心風俗 살펴보니"에서 확인할 수 있다. 이 기간을 「도원기서」에서는 '주유팔로周遊八路'라는 말로 멋지게 표현하고 있다. 주유팔로의 과

---

7 "方方谷谷行行盡, 水水山山箇箇知."(『東經大全』「和訣詩」)

정에서 수운은 세태를 둘러보면서 민중들의 삶을 직접적으로 생생하게 체험하게 된 것이다.

주유팔로의 과정에서 수운은 무엇을 깨닫게 되고 어떤 생각을 하게 되었을까? 거기에는 많은 사실들을 제시할 수 있겠으나 중요한 것은 당시 조선사회가 직면했던 질서 체제의 붕괴와 열강 제국주의 침탈에 의한 국권의 상실에 대한 두려움, 그리고 민중들의 삶에 대한 애환이었을 것이다. 우선 이러한 문제를 수운이 얼마나 심각하게 통감하고 있었고, 그에 대한 두려움이 수운의 정신을 에워싸고 있었는지에 초점을 맞추어 수운의 입장을 정리해 보자.

수운이 살았던 당시의 조선은 내적으로는 말 그대로 사회질서를 지탱해온 유교적 이념이 무너져 인심과 풍속이 없어진 사회였다. 「권학가」에는 이러한 사회적 상황을 "강산江山구경 다던지고 인심풍속人心風俗 살펴보니, 부자유친父子有親 군신유의君臣有義 부부유별夫婦有別 장유유서長幼有序 붕우유신朋友有信 있지마는 인심풍속人心風俗 괴이怪異하다. 세상世上구경 못한인생人生 출생이후 첨이로다."라고 묘사하고 있다. 한마디로 말해서 조선왕조는 지배층의 강요와 유교적 사회질서로 유지해왔던 윤리적인 가치체제의 기강이 무너져 많은 혼란을 겪고 있었던 것이다. 또한 그는 「몽중노소문답가」에서 "평생平生에 하는근심 효박淆薄한 이세상에 군불군君不君 신불신臣不臣과 부불부父不父 자부자子不

子를 주소간晝宵間 탄식歎息하니"라고 지적하고 있다. 당시의 조선사회는 지배층이나 피지배층이나 누구나 근본을 잃어버렸기 때문에 당연히 지켜야할 원칙을 따르지도 않고 돌보지 않으며 각기제 맘대로 하는 세상이 되어버린 것이다.

정치적으로는 세도정치가 판을 치고 있었다. 이로부터 조선사회는 지배계급의 탐학과 부패로 물들어 있었고, 그로 인해 어느 성현 군자가 나와도 구제할 수 없는 그런 상황이었다.「몽중노소문답가」의 "매관매작賣官賣爵 세도자勢道者", "전곡錢穀쌓인 부첨지富僉知", "유리걸식流離乞食 패가자敗家者" 등이나 "아서라 이세상은 요순지치堯舜之治라도 부족시不足施요, 공맹지덕孔孟之德이라도 부족언不足言이라."는 이를 잘 대변하고 있다. 그래서 조선의 많은 백성들은 궁핍과 핍박을 받아 왔으며, 유리걸식이 일상이었고, 일반적으로 삶의 터전을 잃은 채 절망적인 삶을 살고 있었던 것이다. 한마디로 말해서 수운이 살았던 조선사회의 민초들은 그야말로 금수禽獸 같은 삶 자체였다.

조선 왕조는 대외적으로 어떤 상황에 직면하고 있었을까? 당시 지구촌의 세태는 서양의 몇몇 열강 제국주의에 의해 좌지우지되던 상황이었다. 서양 제국주의는 18세기경에 "문명이기文明利器"[8]

---

8 "서양의 문명이기文明利器는 천상문명을 본받은 것이니라. 그러나 이 문명은 다만 물질과 사리私利에만 정통하였을 뿐이요, 도리어 인류의 교만과 잔포殘暴를 길러 내어 천지를 흔들며 자연을 정복하려는 기세로 모든 죄악을 꺼림

를 갖추면서 탄생한다. 몇몇 국가는 과학기술의 진보에 힘입어 정교한 기계를 발명하고, 신무기로 무장한 채 중상주의를 표방하면서 식민지 개척에 나섰다. 특히 서양의 제국주의는 동양을 넘보기 시작하면서 극동에까지 들어와 무력으로 국권을 위협하기 시작했다. 1840~1842년에 중국에서 벌어진 아편전쟁은 그 시발이라 볼 수 있을 것이다. 이후 중국은 서양 제국주의 국가들과의 충돌이 잦아지게 됐다. 영국과 프랑스는 1857년에 광저우를 점령하여 톈진조약을 강요했고, 1860년에 청조가 조약의 비준을 반대하자 북경을 점령하기도 했다.

순망치한脣亡齒寒이라고나 할까? 중국이 그러하자 이어 조선왕조의 상황도 이와 유사한 방향으로 흐르고 있었다. 1832년에는 영국 상선이 서해안에 들어와 통상조약을 체결을 요구하였고, 1845년에는 영국 군함이 제주도에 상륙하여 약탈을 감행하였으며, 1850~53년에는 미국과 러시아 배들이 조선 연안에 출몰하여 말썽을 일으키기도 했다. 조선왕조를 위협하는 서양 제국주의는 수운에게 국권이 상실되지나 않을까 하는 두려움을 안겨주게 됐다. 이에 대한 수운의 생각은 "괴이하고 사리에 맞지 않는 이야기가 세간에 흉흉하게 떠도는데, 서양 사람들은 도를 이루고 덕을 세워져서 그 조화의 힘을 부리는 일에 있어서는 이루지 못하는 일

없이 범행하니."(『도전』 2:30:8-9)

이 없다고 하고, 또 무기로써 공격하여 싸움을 하면 그 앞에 당할 사람이 없다고 하니, (이와 같이 강성한 서양의 힘에) 중국이 망해버리면 어찌 우리나라도 따라 화를 당하지 않겠는가?"[9]라는 말에서 잘 드러나 있다. 수운은 조선의 정세가 그야말로 제국주의의 침략에 의해 국권이 풍전등화에 몰릴 판이었음을 깨닫게 된 것이다.

천주학天主學에 대한 우려

설상가상雪上加霜이라고나 할까? 민중들이 내우외환에 시달리면서 금수와 같은 삶으로 전락하게 된 조선사회는 또 다른 어려움에 직면하게 된다. 천주학의 유입이 그것이다. 천주학은 조선왕조의 윤리의식을 근본부터 어지럽히고 사회질서의 혼란을 더욱 가중시키는 중요한 요인이 되었던 것이다.

천주학이 조선으로 들어오게 된 것은 중국을 통해서이다. 당시 천주학은 서학의 가톨릭을 지칭하는데, 천주에 대한 절대적인 신앙을 요구하는 것을 핵심으로 한다. 천주학은 로마 가톨릭의 예수교 선교자인 마테오리치Matteo Ricci(1552~1610)가 중국에 들어와 서교西敎를 포교하게 되었고, 포교의 일환으로 리치가 중국에서 『천주실의天主實義』(1603년)를 펴낸 데서 연유한다.[10] 조선 선조 말

---

9 "又有怪違之說 崩騰于世間, 西洋之人 道成立德, 及其造化 無事不成, 攻鬪于戈 無人在前, 中國消滅, 豈可無脣亡之患耶."(『東經大全』「論學文」)

10 양우석,『천국문명을 건설하는 마테오리치』, 49쪽 참조.

년(1608년)부터 『천주실의』를 비롯한 많은 서양 책들이 조선으로 흘러들어 오면서 천주학이 소개되기 시작했다. 천주학이 퍼지기 시작하자 1783(정조 7년)에 이승훈李承薫(1756~1801)은 사신을 따라 중국 북경에 가게 됐으며, 거기에 머물러 있는 동안 천주교회로 찾아가 교리를 익히고(1784년), 그 해 우리나라 사람으로서는 처음으로 세례를 받아 천주교 신자가 됐다.

천주교가 조선에 유입되면서 천주교를 신봉하는 자들이 점차 늘어났다. 실제적으로 중국에서 선교목적으로 쓰이기 시작한 천주 개념이 조선 백성들에게 널리 알려지면서 이후 재주 있는 많은 젊은이들은 천주교를 믿게 되었을 것으로 판단된다. 이는 조선 왕조를 지탱해온 유교의 사회질서 체제를 위협하고 미풍양속을 저해하는 요소가 되었을 것이다.[11]

1860년(경신)에 글을 지을 당시에 수운은 서학을 표방하는 서양 제국주의 세력들이 무력으로 동양을 침범하고 강제로 국권을 침탈하는 것을 보고 천주학에 대한 위력을 염려하고 있었던 것으로 보인다. 그러면서도 그는 천주교가 세상을 구할 올바른 도가 될

---

11 조선으로 들어온 천주교가 1874년부터는 널리 알려지자 그들에 대한 심한 박해가 시작된다. 그 까닭은 천주교의 신자들이 늘기 시작하면서 유교의 사회 질서를 와해시키고, 미풍양속을 파괴시킬 것이라는 우려가 지배적이었기 때문이었다. 천주교에 대한 박해는 1801년(순조 1년)의 신유박해辛酉迫害에서 시작하여 1839(헌종 5년)에 조선 왕조에 의해 두 차례에 걸쳐 시작됐다. 천주교를 소개한 이승훈은 신유박해 때에 처형되었다.

수 없다는 것을 암암리에 깨닫게 된다. "지난 경신년에 이르러 전해 들리는 말에 의하면, 서양인들은 천주의 뜻으로 부귀는 바라지 않고 온 세상을 쳐서 빼앗아 (서학을 믿는) 교당을 세워 서도를 행한다고 하더라. 나는 또한 '그럴 수 있을까 어찌 그럴까' 하는 의심이 들었다."[12]는 글의 내용이 이를 뒷받침하고 있다.

천주학에 대한 수운의 두려움은 다음에서도 확인할 수 있다. 수운은 "이 사람들은 도를 서도라 칭하고, 학을 천주라 칭하며, 교를 성교라 하니, 이는 천시를 알고 천명을 수용한 때문이 아니겠는가! 이를 하나하나 열거해 보아도(그들이 펼치는 서학의 도를 아무리 살펴보아도) 알 수 없는 까닭에(그들이 이렇듯 강성한 힘을 지니고 있는지를 알 수 없으므로) 나 역시 두려워하여 늦게 태어난 것이 한스러울 즈음에"[13]라고 말한다. 이 내용을 들여다보면, 그는 천주학의 도가 무엇인지를 도무지 알 길이 없으나 천주학 또한 서양인들이 천시에 따라 천명을 받아 나온 것이므로 그 위력이 대단할 것이라고 믿고 있음을 알 수 있다. 이러한 믿음은 바로 그가 "서양 사람은 도를 이루고 덕을 세워 그 조화를 부림에 있어서는 이루지 못하는 일이 없다."[14]고 언급한 데서도 확인할 수 있다.

---

12 "至於庚申 傳聞, 西洋之人 以爲天主之意 不取富貴, 攻取天下 立其堂 行其道. 故吾亦有其然豈其然之疑."(『東經大全』「布德文」)

13 "斯人道稱西道, 學稱天主, 教則聖教, 此非知天時 而受天命耶. 舉此一一不已故, 吾亦煉然 只有恨生晚之際."(『東經大全』「論學文」)

14 "西洋之人 道成立德 及其造化 無事不成."(『東經大全』「論學文」)

수운이 바라는 세상

조선의 왕조체제를 유지해온 유교의 지배체제와 도덕의 가치질서가 무너지고 있는 상황에서 이질적인 천주학이 들어옴으로써 사회질서가 더욱 더 어지러운 상태가 되었다고 수운은 믿고 있었다. 더욱이 천주학을 등에 업은 서구 열강 세력이 들어와 조선왕조의 국권을 위협하게 되면서 약육강식의 금수와 같은 세상이 되어 버린 것이라고 수운은 깨닫게 된 것이다. 한마디로 말해서 그가 태어난 조선왕조는 그야말로 상해傷害의 운명을 짊어지고 있었던 것이다.

민중들이 상해의 운명에서 벗어나 광제창생廣濟蒼生하게 되는 길은 무엇인가? 그것은 당시 조선사회가 직면한 악폐의 근원을 찾아 이를 해소하는 데에 있다. 수운은 악폐의 근원을 "온 세상 사람이 각자 자신의 마음만을 위하고 천리를 따르지 않으며 천명을 돌아보지 않는다."[15]는 데서 찾았다. 다시 말하자면 그는 근래에 들어서 발생하는 모든 악폐가 서양 사람이든 동양 사람이든 모두 각기 자신만을 위하여 사는 극단적인 이기주의[各自爲心]에서 비롯된 것인데, 이는 곧 사람들이 하늘의 섭리攝理를 거스르기 때문이라는 것이다. 그 결과 사람들은 각자에게 부여된 본연의 마음에 따라 살지 못하고, 또한 만유의 생명에 부여된 하늘의 명령[天

---

15 "一世之人 各自爲心, 不順天理, 不顧天命."(『東經大全』「布德文」)

命]을 전혀 돌보지 않으며, 천도天道와 천리天理에 어긋나는, 제멋대로의 삶을 살아가게 된 것이라고 그는 진단한다.

광제창생을 통하여 그가 바라는 세상은 어떤 이상이었을까? 『용담유사』에서 전하고자 하는 주요 내용을 간추려 볼 때 그것은 온 세상 사람이 천도와 천명을 깨달아 모두 도성덕립道成德立하여 국태민안國泰民安이 되는 그런 세상이었을 것이다. 즉 세상사람 각자가 개인적으로는 천주의 도를 받아 모두 성인聖人의 반열에 오르는 것이고, 사회적으로는 각 나라마다 태평성대太平聖代를 누리는 그런 세상이었던 것이다. 그래서 그는 "그 도를 밝히고 그 덕을 닦음으로써 이에 군자가 되고 지극한 성인에 이른다."[16]고 하여 도성덕립이 된 성인의 경지를 밝히고 있고,「몽중노소문답가」에서는 "억조창생億兆蒼生 많은 백성 태평곡太平曲 격양가擊壤歌를 불구不久에 볼 것이니"라고 하여 국태안민이 되어 모두가 태평성대를 누리는 상태를 직접적으로 표현한 것이다.

모두가 도성덕립이 되고 모든 나라에서 태평곡을 부르는 세상이 어떻게 도래할 수 있다고 그는 생각하고 있었던 것이었을까? 그는 온 세상 사람이 '천도天道와 천명天命'을 깨달아 "다시개벽"으로 열리는 새 시대를 준비함으로써 이루어진다고 생각했을 것이다. 그가 제시하는 천도의 원리는 성쇠盛衰의 법도로 운용된다.

---

16 "明其道而修其德故, 乃成君子 至於至聖."(『東經大全』「布德文」)

성쇠의 법도란 천지만물의 변화가 때와 운수[時運]에 의거해서 무성함과 쇠락함으로 순환함을 뜻한다. 수운이 「권학가」에서 "시운時運을 의논議論해도 일성일쇠一盛一衰 아닐런가. 쇠운衰運이 지극至極하면 성운盛運이 온다."고 말한 까닭이 그것이다. 성쇠의 법도에서 통찰해 볼 때, 당시에 처한 세계적인 병리 현상이란 바로 말세의 쇠운衰運에서 새로운 성운盛運으로 전환되는 시점에서 발생하는 것이라고 그는 당시의 시운을 진단하고 있었던 것이다.

그런데 "지금의 세상 사람들은 시운을 알지 못한다."[17] 이 말의 속뜻은 당시의 시운이 쇠운의 극점에서 성운으로 전환하는 "다시개벽"의 시점임을 보여주고 있다. 다시개벽으로 오는 성운은 바로 '더 이상이 없는 최고의 운수[無極之運]'를 말한다. 이에 대해서 수운은 「용담가」에서 "어화세상 사람들아 무극지운無極之運 닥친 줄을 너희 어찌 알까보냐."라고 했다. 그는 아마도 다시개벽으로 열리는 무극지운의 성운을 맞이하기 위해 그 시운에 맞는 새로운 도법을 깨달아 세상에 전하는 것을 천명으로 여겼을 것이다.

새로운 도법이란 무엇을 말함인가? 그것은 다름 아닌 다시개벽으로 열리는 새로운 오만 년 동안 세상을 이끌어 갈 도법, 즉 "무극대도無極大道"(「용담가」)이다. '무극대도'란 '더 이상이 없는 최

---

17 "於今世人 未知時運."(『東經大全』「布德文」)

고의 대도'를 뜻한다. 최고의 대도란 어디에서 비롯하는 것인가? 그것은 궁극의 도이기 때문에 최고의 존재, 즉 절대적인 존재인 천주로부터만 나오는 것이다. 그래서 그는 천주로부터 무극대도를 직접 받아 동학을 창교하여 세상에 전하려 했던 것이다. 천주로부터 받아 내리는 그러한 무극대도는 서양의 천주학에도 없고, 기존의 세상에 유포된 그 어디에도 찾아볼 수 없을 것이다. 그것은 오직 '다시개벽'의 시운에 맞는 새로운 도법을 뜻하기 때문이다.

2) 천명을 받아 창도한 동학

●**용담정**…주유팔로 후에 최수운은 용담정으로 돌아와 수도에 임하였고, 득도하였으며, 한글로 된『용담유사』를 집필하였다.

수운의 수행과 득도

수운은 젊은 시절에 아버지를 여읜 후, 21세가 되던 해부터 명목상 처자식을 먹여 살린다는 이유로 장사를 하면서 나그네처럼 전국을 떠돌게 된다.[18] 주유팔로하던 기간이 바로 이때(1844~1854년)이다. 이 기간 중에 그는 몸소 세태를 직접 체험하면서 세상을 구하겠다는 의식을 가지게 되는데, 기존의 가치체계나 다른 종교로는 도탄에 빠진 백성들과 금수와 같은 효박한 세상을 바로잡아 도성덕립이 된 새 세상을 열수 없다는 것을 통감하게 된다. 그래서 그는 오직 만유의 존재를 주재하는 절대적인 천주의 실존을 분명히 밝히고, 이로부터 새로운 대도[天道]를 깨달

◉여시바윗골 유허지···주유팔로를 끝내고 이곳으로 와서 수련하던 중에 1855년(乙卯)에 금강산 유점사에서 온 선승으로부터 천서天書를 받았다.

아 세상에 밝힘으로써 인류가 천명을 따르고 천리를 거슬리지 않도록 해야겠다는 의지를 점차 마음 깊이 굳히게 된다.

30세가 되자 그는 10년간의 주유팔로를 끝내고 고향으로 돌아와 처자들과 함께 울산 유곡동에 터를 잡고 농사를 지으며 평범하게 살게 된다. 그러던 어느 봄날 자신이 금강산 유점사의 선승이라고 밝힌 자가 수운을 찾아와 책을 한 권 주면서 그 뜻을 해석해 달라고 부탁하게 된다. 그 선승은 깨달음을 얻기 위해 불서佛書를 수 없이 읽었으나 아무런 진전이 없어 백일정진을 하게 되었고, 정진을 마치는 날 불탑 아래서 우연히 잠들게 되었는데 깨어나 보니 책 한 권이 탑 위에 있었다는 것이다. 그런데 이 책을 아무리 읽어 봐도 무슨 내용인지를 몰라서 박식한 유학자로 소문이 난 수운을 수소문해서 찾아왔던 것이다. 수운이 3일 만에 책의 뜻을 파악하자 선승은 책을 그에게 주고 홀연히 자취를 감추었다고 한다. 이것이 『도원기서』에 실려 있는 '을묘천서乙卯天書'에 관한 사건 내용이다.

수운에게서 '을묘천서'사건은 매우 중요하다. 그것은 그가 천주로부터 목숨을 건 구도의 역정으로 들어가 천명을 받아 내려 새로운 삶으로 전환하게 되는 결정적인 계기가 되었기 때문이다. 이 사건 이후 그는 하늘에 기도를 시작하였다.[19] 『도원기서』에서는

---

19 강영한, 「너는 상제를 모르느냐」 『잃어버린 상제문화를 찾아서(동학)』, 22 –23쪽 ; 윤석산 편주, 『초기동학의 역사』, 69–72쪽 참조.

이 책이 '기도의 가르침'[祈禱之教]이 담긴 책이라고 하였으나 그 가르침이 무엇인지는 정확하지 않다.[20] 다만 이 사건을 계기로 그가 평범한 삶에서 본격적인 구도자의 길에 들어섰다는 점은 분명하다. 구도자의 삶으로 변신한 그는 그 해 여름 양산 통도사 뒤의 천성산에 올라가 49일 동안 천주로부터 가르침이 있기를 간절히 기도하는 것으로부터 시작한다. 즉 유학자의 집안에서 태어난 그는 천주로부터 백성들을 구하고 세상을 구할 수 있는 대도를 얻어 삶의 절망에 처한 민중들에게 희망을 주고 모두가 인간다운 삶을 살 수 있도록 해 주는 험난한 수련과 구도에 들어갔던 것이다.[21]

그러나 그에게 딸린 식솔들은 그로 하여금 구도에만 정진하도록 허용하지는 않았다. 그래서 그는 호구지책糊口之策으로 사업을 하면서 구도의 수련을 병행했던 것이다. 끝내 천주의 가르침을 얻지 못한 그는 새로운 마음으로 또다시 구도의 수련에 들어간다. 그가 수운水雲이라는 호를 쓰기 시작한 것도 이때부터였다고 한다.[22] 그리고 "불출산외不出山外(득도하기 까지는 절대로 하산하지 않겠

---

20 도올 김용옥은 마테오 리치가 쓴 『천주실의』라고도 하고(『도올심득 동경대전 1』, 205쪽 참조), 윤석산은 '을묘천서'가 책이 아니라 수운의 종교적 체험을 의미한다고 한다.(윤석산, 『동학교조 수운 최제우』, 98쪽 참조.)

21 강영한, 「너는 상제를 모르느냐」 『잃어버린 상제문화를 찾아서(동학)』, 23쪽 참조.

22 표영삼, 『동학 I』, 93쪽 참조.

다.)", "도기장존사불입道氣長存邪不入 세간중인부동귀世間衆人不同歸(도의 기운을 길이 보존하면 사특함이 침입하지 못하느니라. 득도할 때까지는 세간으로 돌아가 사람들과 어울리지 않으리라.)"[23]는 글자를 벽에 써 붙이며, 그는 다부진 마음으로 두문불출하고 책과 기도에 몰두하게 된다.

37세 되던 경신년庚申年(1860) 4월 5일(음력)에 마침내 그는 자신만의 독특한 신비체험을 하게 된다. 그것은 천주가 새로운 도를 찾아 일심으로 기도하는 그에게 감복하여 직접 가르침을 내리고 득도하여 대도大道를 세우게 한 바로 그 날이다.[24] 수운은 이러한 신비체험을 처음 겪는 일이라 정확히 무어라고 표현할 수도 없었다. 그것은 이성적인 능력으로는 도저히 판단할 수 없는, 절대적인 천주와의 만남을 통하여 알게된 영적靈的 체험이었기 때문이었을 것이다.

수운이 처음으로 천주를 친견하여 천명과 신교를 받아 득도하게 되는 영적체험은 어떠하였을까? 사실 그날(4월 5일)은 장조카

---

23 『東經大全』「立春詩」(윤석산 주해, 『東經大全』, 205쪽 참조.)

24 1860(경신)년 4월 5일은 수운이 천주를 영적으로 직접 친견하여 대도를 받아 득도한 날이다. 『도전』2:30:14–17의 내용을 검토해 보면, 천주는 금산사 미륵상으로 내려와 30년을 지내다가 수운의 기도에 응하여 "최수운崔水雲에게 천명天命과 신교神敎를 내려 대도를 세우게" 한 날임을 짐작해볼 수 있다. 그러나 수운은 천주가 내려준 대도를 펼치지 못하고 1864년에 조선 조정에 의해 죽임을 당하자 천주는 8년 후 천명과 신교를 거두고 직접 인간세상으로 강림하게 됐다.

맹륜의 생일날이었다. 생일잔치에 오라는 조카의 초대에 그는 마음이 내키지 않았으나 억지로 참석하게 되었고, 얼마 지나자 몸이 떨리고 마음이 몹시 불안하여 집으로 돌아오게 된다. 집에 돌아오자 '수운은 뜻밖의 일을 겪게 된다. 마음은 선뜩해지고 정신을 놓은 것처럼 어지러우며, 몸은 미친 것 같기도 하고 술에 취한 것 같이 주체할 수 없을 정도로 몹시 떨리고, 무슨 병이 들어 몸과 마음을 다스릴 수 없는 이상한 상태에 이른 것처럼, 그러한 증상을 알 수도 없고 말로 형언할 수도 없는 그런 상황'[25]에 직면하게 된 것이다.

영적체험은 마치 신 내림과 유사한 현상과 같아서 몸과 마음에 이상한 증상을 동반하게 마련이다. 수운 또한 병이든 사람처럼 몸이 몹시 떨리고, 보려고 해도 보이지 않으며 들으려 해도 도무지 알 수 없는 소리를 듣게 된다. 이러한 상황을 그는 "몸이 몹시 떨리고 한기를 느끼면서 밖으로는 신령을 접하는 기운이 있고 안으로는 강화의 가르침이 있으되 보아도 보이지 않고 들어도 들리지 않는지라."[26]고 표현하고 있다.

그러자 갑자기 공중에서 어느 신선의 말씀이 귀에 문득 들려온

---

25 "不意四月 心寒身戰 疾不得執症, 言不得難狀之際."(『東經大全』「布德文」) 참조.

26 "身多戰寒, 外有接靈之氣 內有降話之敎, 視之不見 聽之不聞."(『東經大全』「論學文」)

다. 수운은 어떤 신선이 말하는지를 몰라 놀라서 일어나 정신을 가다듬고 상세하게 묻게 되는데, "두려워하지 마라 무서워하지 마라. 세상 사람들이 나를 상제上帝라 이르거늘 너는 어찌 상제를 모르느냐"[27] 라고 대답한다. 이러한 상황으로부터 볼 때, 절대적인 천주가 다름 아닌 상제였다는 사실을 그는 처음에는 몰랐음을 시사하고 있다. 수운 자신이 '어느 신선'이라고 표기한 대목이 바로 그것이다. 그래서 그는 '누구시냐'고 묻자 자신에게 말하는 '어느 신선'은 바로 상제라고 스스로 신원을 밝힌 것이다.

자신의 신원을 스스로 밝힌 상제는 도대체 누구인가? 글자 그대로 보자면, '위 상上'자에 '다스릴 제, 임금 제帝'자로 '지존의 하늘 임금', 즉 '최고의 하느님'이란 뜻이다. 분명 그가 득도하여 천명과 신교를 받으려한 절대자는 천주天主이며, 천주의 신적인 위격[神位]은 바로 상제라는 것이다.

그런데 상제는 신교의 전통을 잇고 있었던 일부 민중들에게서는 최고의 하늘 임금으로 알려져 있었으나 신교와 단절된 조선 양반들에게서는 낯선 말이었을 것이다. 왜냐하면 고려와 조선 왕조의 통치체제에서는 오랫동안 신교의 맥을 이어오지 못했고, 특히 유교문화권에서는 국가의 임금이 최고의 통치자로만 여겨왔지, 하늘 임금이 있어 우주만유를 주재한다고 여기지 않았기 때

---

27 "仙語忽入耳中, 驚起探問則, 曰勿懼勿恐 世人謂我上帝 汝不知上帝耶." (『東經大全』「布德文」)

문이었다. 그래서 수운은 「안심가」에서 상제를 모르는 이들에게 질책어린 어조로 "호천금궐昊天金闕 상제上帝님을 네가 어찌 알까 보냐"라고 표현하기도 했다.

수운을 만난 상제는 영적교감을 통해 영부靈符[28]와 주문呪文을 그에게 전하면서 그로 하여금 자신의 존재를 널리 알리고 질병으로 시달리는 사람들을 구하라고 천명을 내린다. 상제가 그에게 내린 천명에 대한 내용을 소개해 보자. 그는 "나의 이 부符를 받아 사람들을 질병에서 구제하고, 나의 주문을 받아 사람들로 하여금 나를 위하게 하면, 너도 역시 장생하여 포덕천하할 것이다."[29], "너에게 무궁무궁한 도를 줄 것이니 닦고 다듬어서 글을 지어 사람들을 가르치고 법을 정하여 덕을 펴면 너로 하여금 장생하여 천하에 밝게 빛나게 하리라."[30]라고 기록하고 있다.

---

28 상제가 내려준 영부靈符는 무병장수할 수 있는 선약이다. 한마디로 신교의 맥에서 보면 그것은 '삼신산 불사약'인 셈이다. 그 약은 물질적인 것이 아니라 천주의 도권과 그 작용을 상징하는 형상이다. (황경선, 「수운水雲 최제우崔濟愚에게서 선仙의 문제」, 『잃어버린 상제문화를 찾아서(동학)』, 173쪽 참조.) 그래서 수운은 영부를 그리기 위해 백지를 펴자 놀랍게도 종이 위에 부도가 저절로 그려졌다고 한다. 수운은 아들을 불러서 무엇이 그려져 있는지를 보라고 했으나 아무 것도 보이지 않았다. 그것은 신과의 직접적인 대면을 통하는 자만이 볼 수 있는 것이지 평범한 이는 보이지 않는 그런 것이었다. 이로부터 볼 때 수운은 기도와 수련을 통해 고도의 영적인 능력을 갖추게 되고, 몸은 환골탈태換骨奪胎 됐음을 알 수 있다.

29 "受我此符 濟人疾病, 受我呪文 教人爲我, 則汝亦長生 布德天下矣."(『東經大全』「布德文」)

30 "及汝无窮无窮之道, 修而煉之 制其文教人 定其法布德, 則令汝長生 照然

상제와의 영적교감을 통해 수운은 상제로부터 무궁무궁한 대도를 내려 받는다. 이는 그가 「용담가」에서 "천은天恩이 망극罔極하여 경신사월庚申四月 초오일初五日에 글로 어찌 기록記錄하며 말로 어찌 성언할까? 만고 없는 무극대도無極大道 여몽여각如夢如覺 득도得道로다."라고 말한 것으로 보아 분명하다. 이러한 상황에 대하여 상제의 성적을 기록한 『도전』은 "이로써 수운이 인류의 새 세계를 알리라는 상제님의 천명과 신교를 받고 도통을 하였나니, 이것이 곧 우주사의 새 장을 열어 놓은 천주님과의 천상문답 사건이다."(『도전』 1:8:15-17) 라고 전하고 있다.

경신년 4월에 수운이 상제와의 직접적인 대화는 일종의 성령체험이라 할 수 있을 것이다. 영적인 교감을 통해 그가 상제를 직접 친견한 것은 정말로 어마어마한 역사적인 사건이다. 이후 그는 상제로부터 강화降話의 가르침을 받고 영부를 얻어 새로운 인간으로 환골탈태換骨奪胎하게 되는 그런 조화를 몸소 체험하기도 한다. 이러한 체험은 그가 상제로부터 받은 무궁무궁한 대도의 가르침이 옳다는 것을 실증하고 확신하게 된 계기가 된다. 이는 절대적인 천주를 정성[誠]을 다해 공경[敬]하고 일심으로 믿으면[信] 성령체험이 가능하다는 사실을 시사해주고 있다. 즉 성경신誠敬信으로써 천주를 모시면[侍天主] 누구나 상제와의 소통이 원활

于天下矣."(『東經大全』「論學文」)

하게 이루어질 수 있다고 그는 확신했던 것이다.

왜 동학인가

인간의 몸으로 절대적인 무한한 권능을 가진 천주를 친견하는 사례는 역사상 드문 일이다. 수운이 각고의 종교적인 수행 끝에 천주를 영적으로 직접 만나 천명을 받은 것도 그렇다. 그에게 천명을 내려준 천주는 신위로 말하면 바로 지존한 인격적인 상제였다. 지존무상의 상제를 신앙하고, 상제의 무궁무궁한 무극대도의 가르침을 전하는 종교는 바로 그가 창교한 동학이이라는 얘기다.

그러나 수운 자신이 동학을 창교할 당시에 조선 민중들 사이에서는 천주교가 확산되고 있었다. 천주교는 서교의 학이다. 서교의 학은 서도西道를 말한다. 서도 또한 절대적인 천주의 도를 가르친다. 반면에 수운이 창교한 동학은 동도東道이다. 동도 또한 마찬가지로 절대적인 천주의 도를 가르친다. 따라서 서도나 동도는 외연外延이 같다. 그 까닭은 동도와 서도가 모두 절대적인 '천주의 도[天道]'[31]를 받아 나온 것이기 때문이다. 즉 동학이나 서학은 모두 동일한 절대자 한분의 천주를 섬기고, 그분을 궁극의 신앙의

---

31 수운은 천도天道를 "가고 돌아오지 않음이 없는 이법[無往不復之理]"(『東經大全』,「論學文」)으로 말한다. 즉 천지만물의 창조변화란 가면 다시 돌아오고 돌아오면 다시 돌아간다는 뜻의 끊임없는 재창조를 통한 순환변화에 의거한다. 이러한 이법은 천주天主의 조화지적造化之迹에 의한 것이고, 곧 무위이화無爲而化의 방식으로 전개된다.

대상으로 삼으며, 그분의 도를 받아 가르친다는 것이다. 그렇기 때문에 천도에 있어서는 서학의 도나 동학의 도는 모두 같다고 하는 것이다.

그런데 수운은 자신이 창교하는 종교를 서학이라 하지 않고 왜 동학이라 했을까? 동학이나 서학은 절대자 천주를 신앙의 대상으로 삼고 있고, 천주의 도[천도]에 있어서는 같은 것인데 말이다. 그것은 결정적으로 내포內包가 다르기 때문이다. 내포가 다른 까닭은 주로 세 가지로 분류하여 말해볼 수 있을 것이다. ① 수운은 동방의 땅에서 태어나서 천주로부터 동방에서 도를 받고 그곳에서 도를 펼치게 되었다는 것, ② 서학의 도는 허무하기 때문에 천주를 진정으로 위하는 것이 아니라는 것, ③ 그가 천명으로 받은 대도는 과거의 시운에 맞는 것이 아니라 '다시개벽'으로 열리는 새로운 시대의 시운에 맞는 도라는 것이 그 이유이다.

① 동학과 서학은 천주의 도를 받은 지역의 차이 때문에 다르다. 즉 수운의 동학은 서방이 아니라 동방 땅에서 천주의 도를 받아 태동한 것이다. 이에 대하여 그는 "나는 동방에서 태어나 동방에서 도를 받았으니 도는 비록 천도이나 학은 즉 동학이니라. 하물며 땅이 동과 서로 나뉘어 있으니 서를 어찌 동이라고 하며 동을 어찌 서라고 하리요. … 나의 도는 이곳에서 받고 이곳에서 펼

쳤으니 어찌 가히 서로써 이름을 하겠는가."[32] 라고 말한다.

지역의 차이가 있다고 해서 동일한 천주의 도는 어떻게 다른 의미를 가지게 되는 것인가? 즉 수운이 말한 동학은 서학과 같은 천주의 도이지만, 그러나 그 천도를 받아 내고 이를 가르침[學]에 있어서는 다르다. 그 까닭은 어디에 있는 것인가? 그것은 아마도 서방인이 바라보는 천도와 동방인이 바라보는 천도 간에는 공간적인 지역의 차이가 발생하고, 그로 인해 천도를 받아 가르치는 학 또한 그 의미가 다를 수 있음을 지적할 수 있다.

비유가 적절할지는 모르겠으나 동방과 서방이 서로 다른 지역에 위치해 있어서 문화적인 풍토가 다르게 형성되었다는 점을 착안하여 본다면, 서도와 동도는 달리 이해될 수 있을 것이다. 즉 동방인과 서방인이 바라보는 하늘[天]은 같은 것이지만, 그들에게 비친 하늘에 대한 의미meaning 표현은 각기 다르게 기술될 수도 있다는 것이다. 이는 마치 새벽녘에 보이는 샛별morning star과 황혼 무렵에 보이는 석별evening star이 지시하는 대상은 같은 별[venus]이지만, 별이 보이는 관점이 다르고 바라보는 장소가 다르기 때문에, 그 의미 또한 현격히 다르게 표현되는 것과 같은 이치이다. 따라서 동방인이나 서방인이 천주의 도를 받아들임에 있어서 그 지시하는 대상reference은 모두 같은 천도를 지칭하지만, 공간적인 차이

---

32 "吾亦生於東 受於東, 道雖天道 學則東學. 況地分東西, 西何謂東 東何謂西. … 吾道受於斯 布於斯, 豈可謂以西名之者乎."(『東經大全』「論學文」)

에 따라 그 의미는 다르게 표현될 수 있게 되는 것이다. 이런 측면에서 볼 때, 수운은 천도에 이르는 이치를 밝혀내는 학을 서방과는 다른 동방에서 나왔기 때문에 서학이 아닌 동학이라고 말했던 것이다.

② 서학의 도는 허무하며 천주를 위하는 단서가 없지만 동학은 그렇지 않음을 들 수 있을 것이다. 수운은 종교적 체험을 바탕에 깔고서 서학을 비판한다. 그 핵심은 다음의 글을 분석해 보면 분명해진다.

"서양 사람은 말에 차례가 없고 글에는 조백皂白이 없고, 도무지 천주를 위하는 단서가 없고 다만 제 몸만을 위하여 빌 따름이라. 몸에는 기화지신氣化之神이 없고 배움에는 천주의 가르침이 없으니 형식은 있으나 자취가 없고 생각하는 것 같지만 주문이 없는지라. 도는 허무한 데 가깝고 배움은 천주를 위하는 것이 아니니 어찌 다름이 없다고 하겠는가."[33]

이 글의 내용은 세 관점에서 왜 동학이어야 하는가의 이유를 밝히고 있다.

첫째는 그가 이해한 서학은 '말에는 차례가 없고 글에는 조백

---

33 "西人 言無次第, 書無皂白, 而頓無爲天主之端, 只祝自爲身之謀. 身無氣化之神, 學無天主之敎, 有形無迹, 如思无呪. 道近虛無, 學非天主, 豈可謂无異者乎."(『東經大全』「論學文」)

이 없다'는 것이다. '조백이 없다'란 이치가 분명하지 않다는 뜻이다. 그 까닭을 풀이해 보면 서학의 경전에는 천도가 명확히 명시되어 있지 않음을 지적할 수 있다. 즉 서학에는 천도에 대한 가르침이 관념적이고 공허하기 때문에 그에 대한 깨달음이 빈약하다. 그렇기 때문에 서학을 배우는 자들은 천리天理가 무엇인지를 모르고 있으며, 천리에 근거한 옳고 그름에 대한 구분이 없기 때문에 인간이 마땅히 지켜야할 도리가 없다. 따라서 서교는 오직 절대적인 천주를 빙자하여 자신의 이익과 안위만을 추구하게 될 뿐이라는 것이다. 그가 언급한 "각자위심各自爲心"이 이를 잘 대변한다.

반면에 동학의 도는 천주의 도[天道]이고, 천도는 아무런 작위함이 없이 이루어지는 '무위이화無爲而化의 도법이다. 즉 천도에 따라 자연스럽게 이루어지는 도법을 근거로 해서 나온 것이 동학이라는 얘기다. 이 말의 핵심은 인간 또한 천주로부터 천명으로 품부 받아 나온 것이고, 그 마음을 지키고 그 정기正氣를 바르게 하여 실천하면, 곧 천주로부터 품부 받은 성품을 거느리게 될 뿐만 아니라 그 가르침을 받게 되어 천주의 조화가 자연한 가운데서 저절로 나오게 된다'[34]는 뜻을 포함한다.

둘째로 수운은 천주를 지극히 위하는 '시천주주문侍天主呪文'

---

34 "日吾道 无爲而化矣. 守其心正其氣 率其性受其敎, 化出於自然之中也." (『東經大全』「論學文」)

과 천주와 접할 수 있는 '강령주문降靈呪文'이 서학에 없다는 것을 예로 든다. 뒤에서 상세하게 분석해 보겠지만, '시천주'와 '강령주문'은 천주를 체험할 수 있는 직접적인 단서가 된다. 물론 서학에는 천주를 위하는 단서로 '십자가'를 들 수 있으나 이는 천주가 아니라 예수의 상이요 그분의 가르침이 있을 뿐, 직접적으로 천주를 위하는 단서는 아니다. 천주를 위하는 단서는 천주를 능동적으로 체험함에서 확인되는데, '강령주문'이 바로 천주를 의지적으로 직접 체험할 수 있는 단서가 된다.

물론 서학에도 성령체험을 들 수 있으나 서교의 성령체험은 천주가 특정인을 선택하여 일방적으로 내려주는 은총[35]일 뿐이다. 반면에 동학은 강령주문이 있기 때문에, 이를 통해서 사람은 '기화지신氣化之神'의 경계에 들어갈 수 있다. '기화지신'은, 뒤에서 상세하게 설명해 보겠지만, 외유기화外有氣化와 내유신령內有神靈로 분석하여 그 의미를 간취해볼 수 있다. 즉 '기화氣化'의 핵심 의미는 천주의 지극한 기운과의 접령 상태에서 외적으로는 천주의 기운을 회복하여 몸이 떨리고 신체적인 변화가 일어남을 뜻하고, 내적으로는 천주의 '신령神靈'에 접하여 천주의 가르침을 직접적으로 받아 내릴 수 있는 주체가 됨을 뜻한다.

셋째로 수운은 서학에 천도가 없으니 천주에 대한 가르침이 없

---

35 성령의 은총에 대해서는 문계석, 「성령 하느님을 통한 구원의 의미」, 『개벽』, 112–114쪽(2012, 8월호) 참조.

고, 천주를 위하는 것 같으나 실지가 없음을 지적한다. 뒤에서 보다 상세하게 분석해 보겠지만, 그는 천지만물이 창조 변화되어 가는 원리로서 천도를 체계적으로 밝히고 있고, 천주가 이 도를 주재主宰하여 모든 것이 '무위이화無爲而化', 즉 '억지로 함이 없이 변화되도록'하는 천주의 주재방식을 제시하고 있다. 반면에 서학에는 창조변화를 밝히는 천도의 원리가 체계화되어 있지 않다. 그렇기 때문에 서학에는 천주의 가르침을 제대로 인식하여 체계적으로 전달할 수도 없다. 결과적으로 서도는 천주에 대한 진정한 학이 아니며, 천주를 일심으로 위하는 종교가 될 수 없다는 것이 수운의 입장이다. 설사 '위하는 것'이 있다하더라도, 그것은 단지 스스로를 위해서만[各自爲心] 사는 이기주의적인 사고일 뿐이다. 이러한 측면에서 볼 때, 그는 오직 동학만이 진정으로 천주를 신앙하는 종교임을 자부하고 있으며, 그러한 뜻에서 자신이 창교하는 학을 동학이라 한 것이다.

③ 수운이 창교하는 동학은 시운에 맞는 천명을 받아 새롭게 가르치는 도이기 때문에 서학과 다르다는 것이다. 이는 "서양학은 이와（천도에 있어서) 같으면서 다름이 있고, (천주께) 비는 것은 같으나 실지가 없다. 그런 즉 (서학이나 동학이) 운인 즉 하나요 도인 즉 같지만 이치는 아니다."[36]라고 말한 것에 잘 드러나 있다. 여기

---

36 "洋學 如斯而有異, 如呪而無實. 然而運則一也, 道則同也, 理則非也."(『東經大全』「論學文」)

에서 동학이나 서학이 운인 즉 하나요 도인 즉 같지만 '이치는 아니다.'라는 내용을 분석해 보면, 동학과 서학이 다르다는 것을 알 수 있다. 말하자면 서학이든 동학이든 그 도는 한 천주로부터 천명天命을 받아 나온 도이기 때문에 같은 천도이다. 그러나 서학에서 말하는 천도의 운수는 동학에서 말하는 것과 '하나'이지만 '이치가 다르다.' 여기서 운수가 '하나'라는 의미는 서도나 동도가 발원하는 근원이 같다는 뜻인데, 그 까닭은 모두 천주의 도에서 비롯된 것이기 때문이다.

『동경대전東經大全』「논학문論學文」에서 밝힌 바에 의하면, 천주의 도는 "가고 돌아오지 않음이 없는 이법[無往不復之理]"이라는 순환循環 이치이고, 이에 따라 우주 자연은 끊임없이 재창조되어 성쇠盛衰의 법도로 전개되어 드러난다. 그래서 서학의 천도나 동학의 천도는 그 운수에 있어서 하나이며 같은 것이다. 하지만 그 천도의 운수를 받은 시점이 다르기 때문에 동학은 서학의 시운時運과 다르고, 따라서 이것을 가르치는 '이치가 다르다'는 것이다.

수운이 받은 천주의 도는 어떤 측면에서 서학의 시운과 다를 수밖에 없다고 할 수 있을까? 서도의 천주학은 그가 태어나기 오래 전에 이미 서방에서 서양인들이 천시를 알고 천명을 받아 시작되었다. 그러나 그가 창교하는 동학은 자신이 파악한 천시가 옛

날에 맞는 것이 아니라 앞으로 새로운 시대에 펼쳐질 시운에 맞는 것이다. 앞으로 펼쳐질 시운은 그가 「용담가」에서 "한울님 하신말씀 개벽후開闢後 오만년五萬年에 네가 또한 첨이로다. 나도 또한 개벽 후에 노이무공勞而無功하다가서 너를 만나 성공成功하니 나도 성공 너도 득의得意 너희집안 운수運數로다."라고 말한 것에서 확인할 수 있다.

위 인용문에서 시운이 다름은 두 관점에서 말해볼 수 있다. 첫째로 동학은 새로운 시대가 도래하게 되는 다시개벽의 시운에 따라 창교됨을 지적할 수 있다. 당시 그는 오만 년 전에 개벽이 있어 지금까지의 세상이 전개되었고, 이제 다시개벽의 새로운 운이 닥치고 있음을 믿고 있었던 것이다. 그래서 그는 "지금의 세상 사람들은 (새 시대의) 시운을 알지 못한다."[37]고 했던 것이다. 다시 말해서 서학은 오만 년 전의 선천先天 운수를 받아 나온 가르침이고 동학은 앞으로 오만 년의 후천後天 운수를 받아 일어나는 것이다. 공간적으로 보면 서방과 동방의 차이가 나며, 시간적으로 보면 선천의 시운과 후천의 시운으로 서로 구분된다. 그러한 천운을 받은 것은 한분 천주의 도에서 비롯된 것이어서 하나의 운수이지만, 동학과 서학은 시운이 다른 도를 받았기 때문에 이치가 다른 것이며, 그렇기 때문에 천주의 도에 이르는 깨달음의 방법 또한

---

37 "於今世人 未知時運."(『東經大全』「布德文」)

다를 수밖에 없다는 것이다.

둘째로 '나 역시 공이 없는 까닭'의 의미를 해부해 보면 다시개벽의 이치가 도래하게 됨을 미루어 짐작할 수 있다. 즉 이 내용은 천주가 스스로 천지를 열어 만유를 섭렵하고 질서를 바르게 하여 주재해 오면서 가르침을 편지 오만 년이 지났지만, 작금의 세상은 나를 따르지 않아 점점 나빠지고 있으니 지상 천국을 건설하지 못하고 허송세월하게 됐다는 뜻을 암시하고 있다. 그래서 천주는 수운에게 명하여 개벽기에 온 생명과 세상을 구할 책무와 의무를 지워 세상에 내 보냈던 것이다. 이에 대한 증거는 "나 역시 공이 없는 까닭으로 세상에 너를 내어 이 법으로 사람을 가르치나니 의심하지 말고 의심하지 말라."[38]고 수운에게 내린 천명에서 확인할 수 있다.

---

38 "曰余亦無功, 故生汝世間 敎人此法, 勿疑勿疑."(『東經大全』「布德文」)

2. 동학의 천주

    수운은 기존의 종교관에서 제시되고 유지되어온 천주관을 탈피하여 새로운 차원의 천주관을 설파한다고 말할 수 있다. 단언적인 예가 될지 모르지만, 그는 서양의 창조신관을 부정하고 동아시아의 기화론氣化論적 사유와 주재신관을 포섭 융합하여 제3의 천주관[39]을 제시하고 있기 때문이다. 그러한 천주관은 그가 천

---

39 서양철학의 전통에서 볼 때, 창조신관은 기독교의 초월적 유일신관과 17세기 이후에 등장한 범신론이 대표적이다. 초월적 유일신관은 창조주의 완전성을 확보하기 위한 일환으로 현실 세계의 불안전한 창조변화 및 부조리한 측면과의 차별성을 두기 위한 것이었고, 범신론은 초월적인 창조주가 무의미함을 주장하면서 세계 내에서 활동하는 신의 내재성을 강조한다. 동양의 지성사에서는 인격적 주재신관이 대표적이다. 최고의 인격적 주재자를 상제라 하는데, 상제는 우주세계를 초월해 있는 존재가 아니라 그 안에서 자연과 인간의 변화질서를 전체적으로 관할하는 주재자이다. 수운의 천주관은 우주 안에서 활동하는 의미의 무형의 조물자와 인격적 주재자로서의 상제를 말함으로써 창조신관과 주재신관을 통합한다고 볼 수 있다. 이와 관련하여 김경재는 "우주의 궁극자이신 하눌님의 신령성, 초인격성, 감응성, 창조성을 수용하면서도 그 궁극적 실재는 만유를 떠나 별천지에 존재하는 '초월적 타자'가 아니라 만유 속에 내재하면서 만유를 창발시키는 창조적 힘으로 작용하면서 동시에 주主 하느님으로서의 신격神格을 잃지 않는다는 점"을 말하는 것으로 보아 그는 창조신관의 입장만을 강조하고 있다.(김경재,「수운의 시천주 체험과 동학의 신관」,『수운 최제우』, 오문환 편저, 94쪽 참조.)

주의 본성으로 여겨지는 '조화섭리造化攝理'[40]를 정의하는 데에서 그 시발점을 찾아볼 수 있을 것이다.

천주의 조화섭리는 두 측면으로 분석해볼 수 있다. 서양 종교권에서 말하는 창조성과 동양 문화권에서 말하는 주재성에 대응한다는 양가적인 의미가 그것이다. 즉 '조화'는 창조성에, '섭리'는 주재성에 배합해서 파악될 수 있다는 뜻이다. 다시 말해서 창조성은 우주세계 안의 모든 것들에 적용된다는 뜻에서 '조물주造物主로서의 천주'에 근거하고, 주재성은 천지만물을 다스리는 인격자라는 뜻에서 '주재자主宰者로서의 천주'에 근거한다고 말할 수 있다. 전자의 경우는 천주가 모든 창조변화의 내적인 근원이 되는 무한한 힘의 원천이라는 의미에서 '무형無形의 조물주'라 할 수 있고, 후자의 경우는 지공무사한 조화의 권능으로써 천지간의 모든 것을 전체적으로 관할하여 다스린다는 의미에서 '유형有形의 주재자'로 파악할 수 있는 것이다.[41]

천주의 조화섭리를 '무형의 조물주'와 '유형의 주재자'라는 양가적인 측면으로 파악한 것은 동·서 신관의 융합이라는 차원을

---

40 수운은 『東經大全』「論學文」에서 "조화라는 것은 무위이화이다[造化者無爲而化]"를 강조하고 있다. 이와 관련하여 원정근은 상제조화와 신명조화로 구분하고, 상제는 천지만물을 조화로써 다스리는 주재자로, 조화성신은 우주만물의 근원적인 조물주로 이해한다.(「증산도의 조화관」『잃어버린 상제문화를 찾아서(동학)』, 160–163쪽 참조.)

41 안경전, 『개벽 실제상황』, 240–243쪽 참조.

목적으로 한다. 그것은 우주에 역사하는 조물주의 창조성이 무질서하게 전개되는 것이 아님을 밝힐 수 있고, 또한 우주의 순환질서와 창조목적이 천주의 주재성에 근거해서 합리적으로 설명될 수 있기 때문이다. 따라서 절대자 천주의 조화섭리는 천주의 조화권능과 주재권능을 말하는 것이고, 이를 통해서 수운은 제3의 새로운 천주관을 제시하고자 했던 것으로 이해할 수 있다.

필자는 먼저 수운이 직접 체험한 천주가 자신의 저술 속에서 어떻게 기술되고 있는가의 의미 파악에 중점을 두어 상술해볼 것이다. 그런 다음 천주가 어떤 측면에서 창조변화의 근원이 되는 무형의 조물주일 수 있는가를 분석해 보고, 다음으로 천지만물의 전체를 어떤 방식으로 관할하여 질서를 유지하는 유형의 주재자가 되는가를 논의해 볼 것이다. 마지막으로 절대자 천주에 대해 관심이 없는자들을 위해 천주가 실재한다는 점을 수운의 저술을 통해 논증해볼 것이다. 그럼으로써 우리는 수운이 제시한 새로운 천주관에 보다 본질적으로 접근하여 그 핵심을 이해할 수 있을 것으로 본다.

1) 수운이 만난 천주

1860년 음력 4월 5일, 마침내 수운은 목숨을 건 구도의 과정에서 지존의 절대자를 만나게 됐다. 그 만남은 영적인 신비체험을 통해 하늘에서 들려오는 음성을 처음으로 듣게 됐다는 사실에서 확인할 수 있다. 지존의 절대자는 누구인가? "세상 사람들이 나를 상제라 이르거늘 너는 어찌 상제上帝를 모르느냐."[42]의 기록으로 보면, 지존의 절대자는 다름 아닌 상제이다. 앞서 밝혔듯이, 상제는 지존무상의 절대자에 대한 신의 위격을 뜻하며, 글자 그대로 말하자면 무한한 권능을 가지고 우주만물을 주재하여 다스리는 '천상의 임금'이란 뜻으로 이해할 수 있을 것이다.

수운은 상제를 친견함으로써 그 이후부터 대도大道의 가르침을 천명으로 받아 내어 새 시대의 시운에 걸 맞는 동학을 창교하게 됐던 것이다. 문제는 그가 대도를 내려준 지존의 절대자를 상제만으로 표기하고 있지 않다는 데에 있다. 그의 저술들에는 절대자에 대한 존칭으로 '천주天主,' '상제上帝,' 'ᄒᆞᄂᆞᆯ님(하느님)'[43]등의

際有何仙語忽入耳中驚起撰問則曰勿懼勿恐世人謂我上帝汝不知上帝耶問其所然曰余亦無功故生汝世間教

●동경대전 포덕문

---

42 "世人謂我上帝, 汝不知上帝耶."(『東經大全』「布德文」)

43 "ᄒᆞᄂᆞᆯ님"은 현재 한글 표준어로 "하느님"이다. 김용옥의 『동경대전(1)』, 150~155쪽에 따르면, 현존하는 최고의 판본인 계미판癸未版(1883, 목천에서 간행) 『용담유사』를 기준으로 볼 때, 수운은 "ᄒᆞᄂᆞᆯ님"을 22번, "하늘님"을 1번 (교훈가), "ᄒᆞᄂᆞᆯ님"을 1번(교훈가) 썼다. 수운은 천주를 의식하여 "하늘님"을

개념이 등장하고 있기 때문이다.

'천주天主'는 오직 한문으로 표기된『동경대전東經
大全』에서만 볼 수 있고, 'ᄒᆞ늘님'은 국한문 혼용으로
쓰여진『용담유사』에만 등장한다. 그리고 '상제上帝'
는 한문으로 표현된『동경대전』과 국한문 혼용으로
기록된『용담유사』모두에서 볼 수 있다. 지존의 절
대자가 신앙의 대상으로 유일신이어야 한다는 사실

●은적암 터…포덕
2년(辛酉) 12월 말
에 수운 대신사는
관의 탄압을 피해
이곳 덕밀암에 은
신. 덕밀암을 은적
암이라 고치고 머무
르는 동안『동경대
전』의「논학문」을
집필하였다.

썼다는 것이다. 이는 "하늘(天)+님(主)"이라는 복합개념으로 쓰였고, 점차 전
화되어('ㄹ'이 탈락함) 현재에는 "하느님"으로 표기된다. 그런데『천도교경전
天道敎經典』에는 'ᄒᆞ늘님'이 "한울님"으로 표기되어 있다. "ᄒᆞ늘님"을 "한울
님"으로 고착된 계기는 야뢰夜雷 이돈화李敦化(1884-?)에 의한 것이다. 김용
옥은 '하늘'이 '한울'과는 아무런 관련이 없다는 점을 들면서 "한울님"의 표
기가 잘못된 것임을 지적하고 있다.

과 그에 대한 호칭이 '천주', 'ᄒᆞᄂᆞᆯ님', '상제'등으로 표기되었다는 것은 후에 동학을 연구하는 자들에게 여러 갈래로 해석되고 표현되어 적지 않은 혼란을 야기한 것으로 보인다.

'천주', 'ᄒᆞᄂᆞᆯ님', '상제'의 세 가지 표현은 각기 다른 존재를 지칭하여 말하는 것인가 아니면 세 가지 위격位格으로 표현했을지라도 동일한 대상을 지칭하는 것인가, 그리고 절대자 천주는 우주 세계와 어떤 관계인가? 이러한 물음을 보다 명확하게 구명하여 해명하는 것은 수운이 말하는 절대자에 대한 본질에 보다 가깝게 접근하는 것이고, 수운의 신앙적 관점 및 그 진리관을 이해하는 데에 핵심을 꿰뚫을 수 있어 우리가 동학을 올바르게 파악하는 길이라 본다.

천주天主는 한민족의 하느님

먼저 순전히 한문으로 쓰여진 『동경대전』에서 말하는 '천주天主'는 어떤 의미를 포함하는가를 검토해 보자. 천주는 글자 그대로 표현해 보자면 '하늘[天]'과 '주인[主]'의 합성어로 '하늘의 주인'이라는 뜻이다.

'천주'에서 '하늘[天]'이란 무엇을 의미하는 것인가? 여기에서 수운이 말한 '천天'의 개념은 이법적인 측면은 물론이고, 우리가 일반적으로 알고 있는, 무한히 펼쳐져 있는 푸른 창공의 의미에서 하늘뿐 아니라 존재와 가치 및 인식의 면에서 모든 것의 준거가 되는 가장 포괄적인 의미를 담고 있는 것으로 해석된다. 즉 하늘은 일상적으로 땅[地]에 대비되는 하늘[天]은 물론이고, 땅, 인간 등, 정신적인 것이든 물리적인 것이든 우주 세계에 존재하는 전체를 포섭하면서 절대적인 시금석이 되는 의미로 표현되고 있다는 것이다.

절대적인 준거의 의미를 담은 '천'개념은 엄밀하게 정의되거나 인식될 수 있는 대상이 아니다. 그것은 더 이상의 상위가 없는 최고의 유개념이기 때문이다. 논리학에서 볼 때, 최고의 유개념은 다른 모든 술어를 포괄하지만, 자체로는 어떠한 술어도 허용하지 않는다. 이는 수운 자신이 한자로 된 "시천주侍天主"주문에서 각 글자의 뜻을 해석하면서 '천天'에 대한 언급을 하지 않았다는 데에서도 그 실마리를 찾아볼 수 있다. 그는 "주主"자에 대한 의미를 정의하면서도 주의 주체가 되는 대상[天]을 설명하지 않고 완전히 비워둔 것이다. 그 까닭은 전체적이며 근원적인 준거로서의 절대 개념, 즉 하늘이 최고의 유개념이기 때문이다. 이러한 맥락에서 김용해는 "우리는 신, 천주를 그 어떤 개념이나 표현으로 제한해서는 안된다. 천은 모든 형상 안에, 모든 사건 안에, 모든 운동 안에 있으면서 작용하기 때문이다."[44]라고 해석하고 있다.

---

44 김용해, 「그리스도교와 천도교의 신관 비교」, 『수운 최제우』(오문환 편저), 236쪽 ; 김지하, 『동학 이야기』, 34쪽 이하 참조.

중요한 것은 '천주'가 '인격적 존재'를 지칭한다는 점이다. 그것은 수운 자신이 '주'자에 대해 "主主 자는 천주를 존칭하여 부모와 같이 공경하여 섬기는 것"[45]으로 정의한 것에서 미루어 알 수 있다. 물론 여기에서 '천주'의 의미를 부모와 같이 존칭하여 '하늘'을 섬기라는 뜻으로 볼 수도 있겠지만, '주'에 대한 자구 해석은 부모를 공경하여 섬기듯이 하늘의 주인이 되는 인격적 천주를 섬겨야한다는 뜻으로 보아야 한다는 것이다. 이런 맥락에서 볼 때 절대자 천주는 인격자를 뜻하며, 신앙의 궁극의 대상으로 섬겨야하는, 천지간에 존재하는 모든 것을 주관하여 섭리攝理하는 최고의 인격신으로 자리매김이 되는 것이다. 그렇다고 최고의 인격신은 고대 중국에서 제사祭祀를 지낼 적에 받들었던 8신八神[46]의 하나인 천주를 말하는 것도 아니다. 절대자 천주는 하늘, 땅, 인간 및 모든 것을 포괄하는 '절대적인 인격자'여야 한다는 것이다.

그런데 한문으로 된 『동경대전』에서는 절대적인 인격자라는 의미에서 '천주'를 말하였지만, 이 보다 일찍 쓰여진[47] 『용담유사』의 「용담가」에서는 순수 한글인 'ᄒᆞ늘님'으로 표기되고 있다. 우

---

45 "主者 稱其尊而與父母同事者也."(『東經大全』「論學文」)

46 수운이 말한 절대자 천주는 세계를 각 분야별로 관할하여 다스리는 "천주天主, 지주地主, 병주兵主, 양주陽主, 음주陰主, 월주月主, 일주日主, 사계주四季主"에서의 천주와는 근본적으로 다르다.

47 수운이 저술한 『용담유사』의 「용담가」는 1860년 4월 5일 "천상문답" 사건 이후 여름에 지어진 것이고, 『東經大全』의 「布德文」은 그 이후에 저술된 것으로 알려져 있다.

선 ᄒᆞ늘님으로 말하게 된 까닭을 소개해보자.

동방 한민족은 아득한 옛적부터 "삼신하느님"[48]을 절대적인 신앙의 대상으로 숭경하여왔다. '삼신하느님'에서 '하느님'의 옛 표현은 'ᄒᆞ늘님'이고, 여기에 우리 고유의 민족적 정서에서 생명의 근원으로 통용되는 '삼신'이 결합하여 오늘날 삼신하느님[49]이 된 것으로 추리해볼 수 있다. 달리 말해서 하느님은 한민족의 상고 역사라 불리는 환국桓國, 배달倍達, 단군檀君시대까지는 '삼신하느님'으로 호칭되었을 것이나 그 이후 시대와 문화의 변천에 따라 호칭이 달라졌다는 얘기다. 필자가 보기에는 아마도 삼국시대에 접어들자 유교, 불교, 도교 등의 외래문화를 받아들이고, 조선으로 접어들자 유교의 상제, 도교의 옥황상제, 불교의 부처가 전면으로 등장하게 되면서 절대적인 신앙의 대상은 '삼신'의 의미가 떨어져 나간 'ᄒᆞ늘님'으로 표현되었을 것으로 짐작된다.

한민족 문화의 전통에서 볼 때 ᄒᆞ늘님은 인간의 생사에 간섭함은 물론이고 만유의 생명을 창조하고 그 변화질서를 섭리하며, 도덕적으로는 인간의 행위에 대해 상벌을 주관하는 두려움과 숭경의 대상이었다. 즉 ᄒᆞ늘님은 인간이 갖는 감정과 정서를 갖추고 있고, 인간과의 관계를 맺을 수 있는 인격자로서의 절대적인 가치를

---

48 『도전』 1:1:4 참조.
49 문계석, 『생명과 문화의 뿌리 삼신』, 73–76; 171–174쪽 참조.

지니면서 최고의 하늘에 거주하는 지존무상의 존재로서 한민족 정서의 심층에 자리하고 있었던 것이다.

하느님의 옛 표기인 ᄒᆞᄂᆞᆯ님은 수운이 살았던 조선 왕조에 이르러서는 본연의 빛을 잃어가면서 민중 속으로 파고들어 그들 속에서 겨우 명맥이 유지되어 왔었을 것이다. 순 한글로 저술한 『용담유사』에서 수운이 'ᄒᆞᄂᆞᆯ님'을 말한 것은 동방 한민족의 정신 속에 조상 대대로 면면히 이어져 내려오면서 숭경과 신앙의 대상이었던 최고의 절대적 존재, 즉 옛적의 ᄒᆞᄂᆞᆯ님을 다시 부활시키려는 의도가 숨어 있는 것이다.

그렇다면 한자어의 천주와 우리말 ᄒᆞᄂᆞᆯ님은 표기가 다를지라도 지시대상reference이 같은 것은 아닐까? 사실 ᄒᆞᄂᆞᆯ님은 우리말의 'ᄒᆞᄂᆞᆯ'과 존칭어'님'자의 결합어이다. '님'자는 인격적으로 아주 존귀하고 소중하게 섬겨야 할 존재를 존칭하여 붙이는 접미어이다.[50] 따라서 '천주'와 'ᄒᆞᄂᆞᆯ님'은 하나의 동일한 존재를 지칭하는 것으로 보아야 마땅할 것이다.

이제 수운이 어째서 절대적 존재에 대한 호칭을 천주와 ᄒᆞᄂᆞᆯ님, 두 가지로 표현하게 되었는가에 대한 의문을 풀어보자.

---

50 이세권은 수운이 '주'자를 써서 존경의 뜻을 나타내는 우리말 '님'을 표현하고 있다고 주장한다.(이세권, 『동학사상』,72쪽 참조; 강영한, 「너는 상제를 모르느냐」 『잃어버린 상제문화를 찾아서(동학)』, 32쪽 참조.)

수운은 한민족의 절대적 신앙의 대상인 ᄒᆞᄂᆞᆯ님을 순 한문으로 쓰여진 『동경대전』에서는 굳이 "천주天主"라고 표현하고 있다. 개념의 범주로 볼 때, 천주는 서교의 천주와 외연이 같다. 그런데 그는 「권학가」에서 "저의 부모 죽은 후에 신神도 없다 이름하고 제사조차 안지내며 오륜에 벗어나서…"라고 하면서 서학의 천주교에 대해 심하게 비판하고 있다. 같은 맥락에서 천주교에 대한 비판과 배척은 조선왕조의 유학자들에게 조차 두드러지게 나타났던 상황이었다. 그런데도 수운은 이율배반적으로 천주교에서 최고의 절대자로 언급 되는 천주를 『동경대전』에서 과감하게 사용하고 있다. 수운은 왜 그랬을까?

김용옥이 지적한 것처럼,[51] 수운의 천주 표기가 서학을 의식해서 『천주실의天主實義』에서 공론화된 개념을 도입한 것에 지나지 않을 수도 있다. 즉 수운이 살았던 조선왕조의 유학자들은 한문에 익숙했고, 이들을 통해서 유입된 『천주실의』의 천주란 말이 등장하여 유행하게 됐을 때 이를 차용하여 사용한 것일 수도 있

---

51 김용옥은 여기서 '천주天主'라는 표현이 분명 서학西學을 의식한 개념이라고 주장한다. 또한 그는 '상제(上帝)'라는 표현도 『천주실의天主實義』에서 공론화된 개념을 쓴 것이다. 즉 마테오리치가 '천주天主'가 중국 고경에 나오는 '상제上帝'와 같다고 한 논의를 받아들인 것이다[吾國天主 華言上帝…『天主實義』(杭州 中刊本, 1607), 상권 20a]. '세인위아상제世人謂我上帝'라 한 것은 곧 당시에 서학이 조선민중에게 널리 유포됨에 따라 '천주天主=상제上帝'의 도식이 통념으로 존재했었음을 가리킨다. 그리고 유학의 소양을 지닌 수운 입장에서도 유교의 고경古經에 나오는 '상제上帝'의 개념을 굳이 거부할 필요는 없었을 것이라고 말한다.(김용옥, 『동경대전(1)』, 148쪽 참조.)

다는 얘기다. 그러나 수운이 한글 표기인 ᄒᆞᄂᆞ님을 당시에 유행한 '천주天主'의 호칭으로 표기한 것은 그가 기존의 종교적 지식을 가진 사람들에게 천주의 존재를 쉽게 일깨워주기 위한 역설逆說의 수단으로 그렇게 했다고 말할 수도 있다.[52]

만일 수운의 천주가 우리의 말 ᄒᆞᄂᆞ님의 한문 번역어라면, 그것은 동학의 천주와 서학의 천주는 의미하는 바가 다름을 시사한다. 즉 그가 말한 천주는 어디까지나 우리 겨레가 조상 대대로 섬겨 믿어온 절대적인 인격적 ᄒᆞᄂᆞ님이지, 그 어떤 딴 나라 종교에서 말하는 믿음의 대상이 아니라는 얘기다. 그가 구태여하게 서학의 천주와 같은 말을 써서 천주로 표기한 까닭은 우리 민족이 믿어온 ᄒᆞᄂᆞ님을 최고의 믿음의 대상으로 격상시키려는 의도였을 것이다. 그런 까닭에 수운은 한문 표기인 『동경대전』에서 천주를 말했으며, 거기에는 절대적인 ᄒᆞᄂᆞ님을 믿는 최고의 종교를 세우려는 목적이 담겨 있다고 본다.[53]

우주에서 활동하는 천주의 양면성

한민족의 ᄒᆞᄂᆞ님, 즉 절대적인 신앙의 대상이 되는 천주는 어떤 존재인가? 최고의 존재가치로서 절대적인 신앙의 대상이 되기 위

---

52 최동희·이경원, 『새로쓰는 동학』, 75쪽 참조.
53 여기에서 이세권은 '하날님'을 한문으로 번역할 때 '천주'라고 했기 때문에 약간의 혼돈을 주었을 뿐이라고 덧붙인다.(이세권, 『동학사상』, 72쪽 참조.)

해서는 필연적으로 갖추어야할 조건이 있다. 그것은 창조성과 주재성이다. 창조성은 과거, 현재, 미래로 이어지는 시간성 속에서 우주만물이 무한하게 창조변화되는 직접적인 근거가 되어야 한다는 조건이고, 주재성은 창조된 모든 것들을 관할하여 섭리하는 절대적인 인격자가 그 주체여야 한다는 조건이다.

그런데 서양철학의 전통에서 볼 때, 창조성과 주재성을 갖춘 절대적인 천주가 시공時空 안에 들어와 있느냐 그렇지 않느냐, 즉 세계를 초월해 있느냐 그렇지 않느냐의 문제는 많은 논란을 일으켰던 것으로 보인다.[54] 이 문제와 관련하여 수운은 천주가 세상을 초월해 있어서는 안된다는 입장을 고수한다. 세상을 초월해 있는 천주를 신앙한다는 것은 아무런 가치도 없고, 맹목적인 신앙으로 흐를 수 있기 때문이다. "천상天上에 상제上帝님이 옥경대玉京臺 계시다고 보는 듯이 말을 하니 음양이치陰陽理致 고사姑捨하고 허

---

54 서교에서 말하는 천주는 로마어 '데우스Deus'의 번역어이다. '데우스'는 전지전능하고, 유일하며, 인격적인 초월신으로 규정하게 된다. 그 까닭은 데우스가 우주만물을 전적으로 '말씀logos'으로 창조한 창조주, 즉 시공時空은 물론이고 하늘과 땅, 그 안에 존재하는 모든 것을 전적으로 "무로부터의 창조creatio ex nihilo"한 전지전능한 유일신이기 때문이다.(요한네스 힐쉬베르거, 강성위 옮김, 『서양철학사(상권·고대와 중세)』, 425쪽 참조.) 즉 무로부터의 창조를 주관한 '데우스'는 절대적인 '존재자체ipsum esse' 혹은 '자기원인sui causa'이며, 논리적으로 볼 때 시공을 창조했다는 의미에서 시공을 넘어서 밖에 있음을 뜻한다. 이런 의미에서 '데우스'는 시공의 제약 하에서 일어나는 모든 것을 초월하여 스스로 존재하며, 어떤 것에도 의존하지 않는, 순수 그 자체로 활동하는 존재로 규정되는 것이다.

무지설虛無之說 아닐런가."[55]라고 경계한 것에서 그 이유를 찾아볼 수 있을 것이다.

천주학이 중국에서 조선에 처음 소개되었을 때, 수운은 서교에서 주창하는 천주를 비판적인 시각에서 바라보았다. 즉 세상을 초월해 있는 천주는 세상과의 '단절'을 함축할 것이고, 이는 곧 인간과 천주와는 접촉을 허용할 수 없게 된다. 따라서 초월적인 천주를 신앙하는 자는 천주의 뜻을 자의적으로 파악할 수밖에 없을 뿐만 아니라[只祝自爲身] 결국 허무지설을 늘어놓을 수밖에 없게 된다는 것이다. 다시 말해서 서교에서 말하는 초월적인 천주는 현실적으로 아무런 의미가 없고, 말의 형식에 있어서만 천주이며, 그 도道는 허무한 것이기 때문에 진정한 의미에서 천주의 학이 될 수 없다는 것이 수운의 입장이다.

그러므로 수운은 절대적인 신앙의 대상인 천주가 어떤 방식으로든 세계 안으로 들어와 인간과 접촉할 수 있어야 함을 자각했다. 경신년 신비체험 이후 계속적인 천주와의 대화에서 천주의 강

---

55 『용담유사』「도덕가」: 이에 대하여 표영삼은 '초감성적인 세계에 설정한 이 상제의 관념을 천상에 계시지 않다며 허무지설로 돌려버렸다.'(표영삼, 『수운의 삶과 생각, 동학 1』, 110–111쪽 참조.) 이러한 해석도 가능하지만 여기에서 수운이 언급하고자 한 핵심은 상제가 천상에 계시지만 초월적인 의미가 아니며, 어떤 방식으로든 세계에 내재하여 모든 창조변화의 근거가 돼야 하고, 또한 인간에게 강화의 가르침을 내리는 존재여야 한다는 것에 있다. 그래서 이 문구의 표현은 천주교의 천주를 비판하면서 천주가 초월적으로 존재하는 천주의 의미가 아니라는 뜻을 강조하기 위해서였을 것이다.

화降話는 이를 입증하는 사례가 될 것이다.

① "한울님 하신말씀 개벽후開闢後 오만년五萬年에 네가 또한 첨이로다. 나도 또한 개벽이후 노이무공勞而無功 하다가서 너를 만나 성공成功하니."(「布德文」; 「용담가」)

② "나는 도시 믿지 말고 한울님을 믿었어라. 네 몸에 모셨으니 사근취원捨近取遠 하단 말가."(「교훈가」)

①의 경우는 천주가 세상을 위해서 '무언가를 열심히 했으나 세상 사람들이 자신의 실존을 알지 못하여 아무런 성과가 없었다'는 뜻과 다행이도 천주가 '수운을 만나 이제부터 성공적인 일을 추진하게 됐다'는 뜻을 밝히고 있다. 여기에서 우리는 두 가지 사실, 즉 천주가 인간처럼 말하는 인격적인 존재라는 것, 그리고 세상만물과 단절되어 홀로 존재하는 것이 아니라 어떤 방식으로든 세상과 직접적인 관련을 맺고 있음을 상정할 수 있다.

천주는 어떤 존재인가? 천주는 세상을 초월해 있으면서 아무 것도 하지 않는 것이 아니라 시운時運의 추이에 맞추어 자연계의 무궁한 창조와 그 변화질서를 권능으로써 섭리攝理하는 인격자이다. 섭리는 바로 천주의 주재성主宰性을 의미한다. 즉 천주는 자연계에서 매 순간마다 일어나는 무궁한 창조변화를 전체적으로 관할하여 다스리는 '주재자主宰者로서의 천주'이다. 주재자로서의 천주는 달리 표현해 보면 바로 지존무상至尊無上의 상제이다. 수운은 주재자 상제를 처음 대면하게 된 상황을 「안심가」에서 "공중空中에서 외는 소리 물구물공勿懼勿恐 하였어라. 호천금궐昊天金闕 상제님을 네가 어찌 알까보냐."라고 피력하고 있다.

주재자 상제는 천상의 호천금궐에 계신다. 천상에 계신 상제는 서교에서 말하는 것처럼 세상과 완전히 단절된 의미의 초월적인 절대자가 아니다. 여기에서의 천상은 우리가 몸담고 살고 있는 지상과 대비해서 볼 때, 존재론으로 보나 인식론으로 보나 최고의 가치세계를 지칭한다. 주재자 상제는 천상 호천금궐에 계시지만 우주의 창조변화에 관여하고 있고, 모든 것들을 무위이화無爲而化로 다스리는 지존무상의 절대자인 것이다.

②의 경우는 천주가 개별적인 인간의 내면으로 들어와 있어서 천주를 신앙하는 각자에게 모심의 대상이 되고 있음을 직접적으로 표현하고 있다. 인간의 내면으로 들어와 모심의 대상이 되기 위해서는 천주의 창조성이 내재적인 근원이 돼야함을 뜻한다. 즉 천주의 창조성은 바로 천주가 언제 어디에서나 천지간에 작용하지 않는 곳이 없고, 그럼으로써 자연계에서 매 순간마다 일어나는 무궁한 창조변화의 원천이 되고 있다는 뜻이다. 이것을 전제로 해서 인간은 천주와의 직접적인 접촉이 가능하고, 또한 각자가 모심의 대상이 될 수 있게 되는 것이다.

인간이 천주와의 직접적인 접촉이 가능한 까닭은 인간에게 '기화의 신[氣化之神]'이 있기 때문이라고 수운은 주장한다. 뒤에서 심도 있게 논의 되겠지만, 수운은 천주를 지극정성으로 '모시는 것[侍者]'을 풀이할 때 "밖으로는 기화의 작용이 있고[外有氣化] 안으로는 신령이 있음[內有神靈]"[56]으로 정의한다. '기화의 신'은 성경신誠敬信을 다해 천주를 일심으로 모시는 자에게만 발현되는 특권일 것이다. '기화의 신'이 발현된 인간에게는 "밖으로는 (천주의) 영과 접하는 기운이 있고 안으로는 강화의 가르침이 있"[57]게 되는 것이다.

천주를 신앙하면서 기화의 신이 된 인간은 마음 안에서는 천주로부터 부여 받은 신령이 발현이 되고, 밖으로는 기화의 작용을 통해 천주의 지극한 영기와 접촉할 수 있게 되며, 이를 통해 곧 천주의 가르침을 직접적으로 받아 내릴 수 있게 된다. 즉 기화의 신이 된 인간에게는 '천주가 그 안에 모셔져 있는 것'이다. 그렇기 때문에 인간과 천주의 직접적인 소통이 가능하게 되는 것이다. 한 걸음 더 나아가게 되면 기화의 신이 된 인간은 천주의 마음과 합일의 경계에 이를 수 있는 그런 영적 존재라는 것도 추론해볼 수 있을 것이다.

①에서 밝힌 천주의 주재성과 ②에서 언급된 천주의 창조성은

---

56 "侍者 內有神靈 外有氣化,"(『東經大全』「論學文」)
57 "外有接靈之氣 內有降話之敎,"(『東經大全』「論學文」)

천주의 양면성을 드러내고 있다. 이는 신앙의 절대적인 표본으로 삼고 있는 동학의 천주관이 자칫 오해될 가능성으로 비춰질 수도 있을 것이다. 즉 ①의 주재자로서의 천주를 지칭하는 '호천금궐 상제님'이 서교에서 말하는 초월적인 하느님으로 간주되는 경우가 그것이다. 이러한 노선은 결국 서교의 초월적인 유일신관으로 흐르게 될 것이다.[58] 이는 수운이 본래 의도하고자 한 천주관을 벗어나 있으며, 천주에 대한 잘못된 이해에서 비롯된 왜곡이라 볼 수 있다. 또한 ②에 대한 설명에서 밝힌, '기화의 신'의 해석은 자칫 범신론으로 빠져들 수 있는 가능성이 내포되어 있다.[59] 그렇다고 해서 수운이 초월적인 유일신론자나 범신론자는 아니다. 신앙의 절대적인 대상을 정립하기 위한 수운의 의도는 어느 한쪽을 취하지 않고, 오직 양자를 통섭하여 아우르는 천주관을 말하고

---

58 기독교의 신관은 초월적 유일신관이라 할 수 있다. 즉 전지전능 무한한 천주는 시공은 물론이고 만유의 존재를 말씀으로 창조한 창조주이다. 창조주로서의 천주는 시공의 제약을 받지 않으므로 초월적인 존재이다. 중세 이후에 등장하는 신관은 신이 시공 안으로 들어와 천지만물에 내재해야 한다는 범신관이 등장한다. 이에 대하여 김경재는 '수운의 천주관이 한마디로 초월신과 내재신관을 극복한 범재신관임을 제기한다.'(김경재, 「崔水雲의 神觀」『한국사상』, 12집.)

59 김경재는 수운의 동학이 초월적 유일신관이라고 주장하면서 범재신론적 입장을 취하기도 한다.(김경재, 「동학의 신관」『동학혁명 100주년 기념논총』, 184쪽 참조.) 반면에 김용해는 "동학에서의 천주는 형이상학적으로 유일한 초월적 원인으로 근거지어질 뿐만 아니라 우주 안에서 기화작용으로 활동하고 지기로서 완성을 향해 스스로 변화되어 간다. 따라서 동학의 신관은 초월적 유일신과 범신론적 흐름을 갖는다."(김용해, "그리스도교와 천도교의 신관 비교", 『수운 최제우』, 오문환 편저, 235쪽.)

있다. 이는 천주의 조화섭리造化攝理를 어떻게 해석하느냐에 달려 있을 것이다.

조화섭리란 '조화造化'와 '섭리攝理'의 합성어이다. 여기에서 '조화'란 글자 그대로 풀이하여 '지을 조造'와 '변할 화化'로 이루어진 개념으로 필자는 '창조변화創造變化creative change'를 줄여서 표현한 말로 이해한다. 좀 더 구체적으로 말하자면, '창조'는 정신적인 것이든 물리적인 것이든 대상(형상)을 산출하는 의미를 강조한 것이고, '변화'란 산출된 대상이 변이되는 상태의 의미를 강조한 뜻이다. 그리고 '섭리'란 '굳건히 관할하여 질서 있게 다스림'을 강조한 뜻으로 풀이된다. 따라서 천주의 조화섭리는 양가적인 측면을 갖고 있다. 하나는 창조변화를 이끌어가는 원천으로 규정되는 '조물주로서의 천주'이며, 다른 하나는 모든 것을 질서 있게 관할하는 '주재자로서의 천주'이다. 결과적으로 천주의 조화섭리는 수운의 천주가 곧 여타의 종교와는 다른 제3의 새로운 천주관을 제시하고 있음을 말해주고 있다.

2) 조물주로서의 천주

무형의 조물주

우주가 탄생한 이래로 정신적인 것이든 물리적인 것이든 존재하는 모든 것들은 끊임없이 창조변화되어 왔으며, 우주가 존재하는 한 그 과정은 순간의 휴식도 없이 지속되어 왔고 앞으로도 그리될 것이다. 이와 같이 과거, 현재, 미래의 시간을 관통하여 우주 전역에서 벌어지고 있는 무한한 창조변화는 어떻게 해서 지속되고 있는 것일까? 수운은 그것을 전적으로 천주의 무한한 조화造化로 인해 진행되는 일련의 사태로 파악한다. '조물주造物主로서의 천주'가 그것이다. 여기에서 '조물'은 글자 그대로 '물物'을 짓는다는 뜻이다. '물'은 정신적인 것이든 물리적인 것이든 우주 내에 존재하는 모든 것을 통칭한다.

●최수운선생 친필

'조물주로서의 천주'는 창조변화에 대한 근거의 의미에서 정의한 것이다. 여기에서 '…로서'란 뜻은 '자격'의 의미를 갖는다. 마치 '스승으로서', '남자로서', '대통령으로서', 등에서 알 수 있듯이, '…로서'는 그 직분에 맞는 역할로 작용함을 뜻하기 때문이다. 조물주로서의 천주는 우주자연의 품을 떠나 독립적으로 초월해 있는 것이 아니라 그 안에 '내재

적'이어야 한다. 그렇지 않으면 창조변화의 직접적인 근거가 될 수 없기 때문이다. 따라서 조물주로서의 천주는 서교에서 신봉되는 절대적인 유일신, 즉 창조주 개념과 전적으로 다르다고 할 수 있다.

조물주로서의 천주는 우주자연의 전역에서 온갖 조화를 일으키는 근원이지만, 현실적으로는 아무런 형태가 없는 무형無形의 존재이다. 무형의 조물주가 존재한다는 주장은 감각적 의식에 의존하여 살아가는 일상인들에게는 수긍이 잘 안될 것이다. 그럼 무형의 조물주를 어떻게 파악할 수 있을까? 하나의 방법은 창조변화의 근원에 근원을 추적하여 소급해 감으로써 그 정체를 도출해내는 것이다. 우리의 사유는 결국 더 이상의 근원이 없는 근원 자체에 도달하게 되는데, 이것을 무형의 조물주라 할 수 있을 것이다. 그러나 조물주 자체에 대한 명확한 정의와 인식은 가능하지 않다. 왜냐하면 인식과 정의는 한정성과 규정성을 요구하기 때문이다. 전통적인 용어로 표현해 본다면, 무형의 조물주는 형이상학적인 용어로 근원의 본체本體라고 정의되거나, 혹은 근원으로서의 '아르케arche'라 할 수 있을 것이다.

무형의 조물주에 대한 다른 표현

수운은 무형의 조물주에 대한 본체를 천체天體와 지체地體로 파악하고 있다. 본체에 대한 현현체顯現體의 상징은 바로 하늘과 땅으로 볼 수 있다는 얘기다. 하늘은 시간적인 차원에서 만유의 존재를 내는 이치로, 땅은 공간적인 차원에서 이를 드러내게 하는 터전으로 파악될 수 있는 셈이다. 그래서 수운은 만유의 창조 변화가 모두 하늘과 땅의 실제적인 작용으로 이루어지는 것으로 이해한다.

천체와 지체에 근거한다면, 하늘과 땅이 스스로 묘합妙合하여 우주 전역의 창조변화가 이루어지는 것으로 정의할 수 있다. 이와 관련하여 수운은 "① 천도라는 것은 형상이 없는 것 같으나 그 자취가 있고, 지리라는 것은 광대한 것 같으나 방위라는 것이 있다. 그러므로 하늘에는 구성九星이 있어 구주九州[60]에 응하고, 땅에는 팔방이 있어 팔괘八卦에 응하나니, ② 차고 비는 것이 서로 번갈아 가면서 이어져 가는 수가 있으니 동정의 법도가 바뀌는 이치는 없다."[61]라고 표현한다.

①에서 뜻하는 바는 무엇인가? 우주 전체는 하늘이라는 천체天體와 땅이라는 지체地體로 분석되고 있다. 천체와 지체는 곧 시간적인 의미에서 보면 구성九星의 운행으로 드러나고, 공간적인 의

---

60 구주九州는 하늘 전체, 즉 천체를 상징한다. 『書典』, 「禹貢」에 의하면 구주는 옛날에 중국(천하)를 청주青州, 양주揚州, 연주兗州, 예주豫州, 옹주雍州, 양주梁州, 형주荊州, 기주冀州, 서주徐州로 나눴다. 윤석산은 천체의 의미가 여기에서 비롯됐다고 보며, 또한 '일월성신日月星辰 과 사시四時 그리고 세歲를 합하여 말하기도 한다.'(尹錫山 註解, 『東經大全』, 51쪽 주해 참조.)

61 "天道者 如無形而有迹, 地理者 如廣大而有方者也, 故天有九星 以應九州, 地有八方 以應八卦, 而有盈虛迭代之數, 無動靜變易之理."(『東經大全』「論學文」)

미에서 보면 팔방八方으로 펼쳐짐을 뜻한다. 구성이 상징하는 것은 무한히 넓고 큰 천체의 하늘이고, 이것은 곧 시간성에 따라 무한한 창조를 총체적으로 야기하는 근원이 됨을 뜻한다. 팔방이 상징하는 것은 가늠할 수 없을 정도로 광대하게 펼쳐진 땅이고, 이것은 곧 공간상에서 육성 변화되는 근원적인 토대가 됨을 뜻한다. 여기에서 분명한 것은 하늘이란 무한한 창조성의 원천이고, 땅이란 창조성에 따라 무엇이든지 육성해 내는 변화성을 상징한다는 점이다.

구주를 가늠할 수 있는 방책은 바로 팔방八方에 펼쳐진 팔괘八卦[62]의 원리로 파악할 수 있음을 수운은 암시하고 있다. 팔방에 대응한 팔괘의 이치가 그것이다. 이는 하늘이라는 천체와 땅이라는 지체가 별개의 것이 아니라 서로 묘합妙合하여 시간에 따라 천도天道로 운용되고 있음을 뜻한다. 여기에서 천도란 천주가 내놓은 법도이다. 즉 천도는 아무런 형체가 없는 무형의 조물주가 운용하는 법도인 것이다. 따라서 천도는 천지간의 모든 것 안에, 어디에나 다 적용될 수 있고, 그것이 드러나는 자취는 곧 팔방으로 광대하게 뻗어 있는 땅에서 펼쳐짐을 나타내게 되는 것이다. 그래서

---

62 팔방八方은 무한히 뻗어 있는 방위를 말하고, 팔괘八卦는 팔방에 대응한다. 『周易』 「繫辭 上」에는 "易有太極, 是生兩儀, 兩儀生四象, 四象生八卦."라 했다. 팔괘는 '乾兌離震巽坎艮坤'을 말하는데, '서북은 건괘', '서는 태괘', '남은 이괘', '동은 진괘', '동남은 손괘', '북은 감괘', '동북은 간괘', '서남은 곤괘'가 배합된다.

천체와 지체가 따로 분리될 수 없듯이, 하늘과 땅은 한 몸으로 작용한다고 할 수 있으며, 그 작용의 원리는 하나의 천도라고 말할 수 있는 것이다.

동양 형이상학의 전통에서 볼 때, 천도는 음양陰陽의 도로 규정된다. "일음일양지위도一陰一陽之謂道"가 그것이다. 하늘은 순양純陽을 상징하고 땅은 순음純陰을 상징하는 말에서 음양의 원리가 나온 것으로 본다. 조물주로서의 천주가 운용하는 원리는 천도이고, 천도는 천지음양의 도로 펼쳐진다. 음양의 묘합妙合 작용은 곧 조물주의 조화작용인 것이다. 따라서 우주 전역에서 펼쳐지는 창조변화는 바로 천주의 조화원리, 즉 천지음양의 묘합작용이라고 말할 수 있게 되는 것이다.

②에서 수운은 하늘과 땅의 묘합작용妙合作用으로 인해 펼쳐지는 모든 것이 음양의 동정動靜에 따른 성쇠盛衰의 법칙으로 전개됨을 제시하고 있다. 모든 창조변화란 바로 "음양의 조화 작용이고, 이 가운데 인간을 비롯하여 만물이 화생되어 나온다."[63] 화생된 천지만물은 우주의 전역에 펼쳐져 드러나는데, 이것들은 한결같이 융성하고 쇠락하는 과정으로 진행된다. 다시 말하자면 창조성의 원천이 되는 하늘이 한번 움직이고 고요하면, 이와 한 몸이 된 땅에서는 그에 상응해서 육성의 변화성으로 드러나는데, 이는

---

63 "陰陽相均, 雖百千萬物 化出於其中."(『東經大全』「論學文」)

곧 만유생명의 무성함과 쇠락함으로 진행된다는 것이다. 이를 수운은 "일동일정 일성일패"[64]라고 압축하고 있다.

결과적으로 말해서 하늘의 이치는 '무한한 창조성'을 본성으로 하며, 땅의 터전은 하늘이 내는 모든 것을 그대로 드러내는 '아낌없는 육성育成'을 본성으로 한다. 하늘의 창조성과 땅의 육성은 조물주의 본성이다. 하늘과 땅이 한 몸이 되어 묘합으로 조화되는 현상을 수운은 음양 동정의 원리로 파악하고 있는 것이다. "동정의 원리가 절대로 변하거나 바뀌는 이치란 없다."[65] 라고 한 뜻은 음양 동정에 따라 차고 빔(盈虛)의 현상 또한 변함없이 이어짐을 말해주고 있다. "차고 비는 것이 번갈아 가면서 서로 이어져 나아가는 수가 있다."[66]고 한 것은 이를 뜻한다. 이것이 바로 우주 자연에서 벌어지는 성쇠盛衰의 법도이다. 성쇠의 법도는 천도의 운행 원리이며, 이 법도에 따라서 일월성신日月星辰의 천지도수天地度數가 정해지는 것이다.

조물주의 조화지적造化之迹

무형의 조물주에 근거해서 만유생명의 창조변화는 우주 전역

---

64 "一動一靜 一盛一敗"(『東經大全』「布德文」) : 윤석산은 『東經大全』의 내용을 주석하면서 일동일정一動一靜을 마음의 변화상태를 나타내고 일성일패一盛一敗는 사물의 변화 상태를 뜻한다고 한다.

65 "無動靜變易之理."(『東經大全』「論學文」)

66 "有盈虛迭代之數."(『東經大全』「論學文」)

에서 끊임없이 벌어지고 있다. 이러한 모든 현상은 전적으로 천지 음양의 동정으로 말미암아 성쇠盛衰의 법도로 드러난다. 성쇠의 법도로 운용되는 총체적 과정을 수운은 "천주의 조화지적造化之 迹"[67]이라고 설파한다.

'조화지적'이란 무엇을 말하는가? '조화지적'이란 글자 그대로 '조화의 자취'이고, 이를 더 풀어서 말해보면 우주만물이 창조변 화되어 펼쳐지는 현상을 뜻한다. 우주자연의 체계 안에서 일어나 는 천주의 조화자취는 두 방식에서 간파해볼 수 있다. 하나는 우 리의 주변에서 일어나는 만유의 개별적인 생명들이 창조되는 것 들의 경우이고, 다른 하나는 멀리에 있는 천체의 변화와 운행 질 서의 경우이다.

수운은 『용담유사』에서 자연적으로 생성 변화하는 모든 것, 즉 모든 인간, 풀, 나무 등, 살아 있는 모든 것이 생겨나고 소멸해 없 어지는 까닭은 모두 하늘[天][68]에 달려있다고 말한다. 여기에서 '천天'은 조물주로서의 천주를 상징하고 있다. 왜냐하면 천주의 조화는 천도로 운용되고, 천도는 음양 동정으로 작용하여 만유 의 창조변화를 일으키기 때문이다.

---

67 『東經大全』「布德文」.
68 수운은 『용담유사』에서 "대저생령大抵生靈 초목군생草木群生 사생재천 死生在天 아닐런가."(「안심가」) "대저인간大抵人間 초목군생草木群生 사생 재천死生在天 아닐런가."(「권학가」)라고 말한다.

비구름이 몰려와 폭우가 내리거나 순간적으로 번개가 치는 것, 꽃이 피고 나무가 무성하게 자라나는 것, 사람이 태어나고 죽는 것은 물론이고, 수족동정手足動靜과 같은 사람의 부분적인 움직임이나 자동적으로 일어나는 사람의 호흡작용과 심장 박동, 신체적으로 배설하는 행위들, 즉 유기체의 모든 기관들이 상호 작용하면서 생명체를 유지하는 현상은 천도의 음양 동정에 의한 것이고, 곧 천주의 조화자취라고 말할 수 있는 것들이다.

멀리에서는 달이 지구를 중심으로 공전하여 그로 인해 달이 차고지는 현상, 지구가 자전하면서 태양을 중심으로 공전함으로 인해 해가 뜨고 지며 계절이 바뀌는 현상, 태양을 비롯하여 그에 딸린 혹성들이 각기 자전하면서 태양계가 은하계를 중심으로 공전하는 현상, 나아가 태양계가 속한 은하계가 다른 은하계를 중심으로 공전하는 천체운동 등의 모든 변화현상도 천도에 따라 발생하는 천주의 조화자취라고 수운은 말한다.

그러나 과학적 지식으로 무장된 사람들은 이 모든 것들이 자연의 물리법칙에 따라 전개되는 현상이라고 주장할 수도 있을 것이다. 반면에 근원의 존재를 탐구하여 진리를 체계화하려는 형이상학자들은 제1원리로 천도天道를 전제하고 여타의 것들이 모두 그로부터 전개되는 현상이라고 말할 수도 있다. 하지만 수운은 자연법칙이건 천도이건 조물주로서의 천주로부터 비롯한다고 주장한

다. 즉 천도는 조물주로서의 천주가 내놓은 것으로 성쇠盛衰의 법
도로 전개되는데, 그것은 시간의 흐름에서 나타나는 사시四時와
공간적으로 펼쳐지는 4계절의 변화현상에서 뚜렷이 확인할 수 있
다는 것이다.

성쇠의 법도는 사시로 순환하는 계절의 흐름에서 확인할 수 있
다. 수운은 "무릇 상고 이래로 지금까지 봄과 가을이 서로 갈마
들어 교대로 이어지고, 4계절의 융성과 쇠락에 옮김도 없고 바뀜
도 없으니, 이 또한 천주조화의 자취요 천하에 뚜렷이 나타나 있
다."[69]고 한다. 여기에서 상고 이래란 아주 먼 옛날 하늘과 땅이
[天地] 처음 개벽된 이후를 일컬으며, 춘추질대란 시간의 마디로
나타나는 봄, 여름, 가을, 겨울의 사시가 서로 갈마들어서 4계절
이 질서 정연하게 순환함을 나타낸다. 4계절이 예나 지금이나 일
정한 질서를 가지고 서로 바뀌면서 반복적으로 순환하고 있음은
바로 천주의 조화자취로 볼 수 있다는 얘기다.

성쇠의 법도는 공간적으로 펼쳐진 변화현상에서 확인할 수 있
다. 천주의 조화자취는 4단계의 시간마디에 따라 4계절의 공간적
인 현상으로 드러나게 되는데, 생명을 약동시키는 봄의 기운이
왕성해지면(生) 쇠하면서 무더운 여름이 오고, 여름의 기운이 극
에 달하면(長) 또 쇠하면서 서늘한 가을의 기운이 몰려오며, 서늘

---

69 "盖自上古以來 春秋迭代, 四時盛衰 不遷不易, 亦是 天主造化之迹 照然于
天下也."(『東經大全』「布德文」)

한 가을 기운이 왕성하면(斂) 서릿발 기운이 찾아오면서 겨울이 오며, 겨울의 기운이 극에 달하면(藏) 다시 생명의 약동을 준비한다. 봄이 오면 여름이, 여름이 오면 가을이, 가을이 오면 겨울이, 겨울이 오면 다시 봄이 오는 순환변화 이치는 가장 근본적인 성쇠의 법도에 따른 것이다. 이러한 현상은 모두 천주의 조화자취인 것이다.

이와 같이 성쇠의 법도에 따른 춘생, 하장, 추렴, 동장의 순서, 간략히 말하여 생장염장生長斂藏으로 순환하는 자연의 변화질서는 절대적으로 엄정하다. 이는 "(봄이 가면 이내 여름이 오고 여름이 가면 이내 가을이 온다는) 네 계절의 변화와 절기에 따라 바람이 불고 이슬이 내리고 서리가 내리며 눈이 온다는 사실은 그 질서가 변함이 없다."[70]는 뜻이다. 천주는 성쇠의 법도에 따라 사시와 사계절이 끊임없이 이어지도록 하였고, 그에 따라 더위와 추위가 번갈아 나타나게 함으로써 인간과 만물이 살 수 있는 기후와 토양의 환경을 만들어냈던 것이다.

그런데 "(천주의 존재를 알지 못하는) 어리석은 세상 사람들은 비가 오게 하고 이슬이 내리게 함으로써 인간의 삶이 자연의 혜택을 입는 것이 자연적으로 일어나는 변화 때문이라고 알고 있다."[71] 이

---

70 "四時盛衰 風露霜雪 不失其時 不變其序."(『東經大全』「論學文」)

71 "愚夫愚民 未知雨露之澤 知其無爲而化矣."(『東經大全』「論學文」)

렇게 생각하는 사람은 조물주로서의 천주를 부정하고, 단순히 자연의 변화법칙이나 물리법칙에 의한 것으로 간주하는 자들이다. 그런 자들은 자연의 모든 것이 천주의 무궁한 힘의 작용으로 조화를 지음으로써 일어난 것으로 보지 않으며, 단순히 자연이 주는 혜택일 뿐이라고 여기는 것이다. 그래서 수운은 "풀.잎에 맺힌 이슬과 같은 창생은 그 단초를 알지 못하기 때문에 혹자는 천주의 은혜라고도 하고 혹자는 조화의 공교한 자취라고 말한다. 이는 천주에 대한 확신을 갖지 못하고 그 이치를 알지 못했기 때문이다."[72]라고 지적하고, 이런 모든 것들이 전적으로 천주의 조화 자취임에 틀림없음을 입증하게 된다. 이에 대해서는 4절에서 제시해볼 것이다.

3) 주재자로서의 천주(상제)

우주宇宙라는 개념은 자체로 '질서와 조화調和'라는 뜻을 포함하고 있다. 즉 시간의 흐름에 따라서 전체적인 질서가 유지되고, 공간의 틀에 근거해서 무한한 창조변화가 조화롭게 일어나는 것이 우주라는 얘기다. 그래서 우주 안에서 발생하는 모든 창조변화는 마구잡이로 일어나는 것이 아니라 일정한 질서와 체계를 갖고 있다. 우주에서 이러한 질서와 체계는 통시적diachronic이고도

---

72 "如露蒼生 莫知其端, 或云天主之恩 或云化工之迹."(『東經大全』「論學文」)

공시적synchronic으로 유지되고 있는 것이다.

우주 전체에서의 질서와 체계는 어떻게 유지되는 것일까? 자연의 물리법칙을 신봉하는 이들은 물리적인 힘에 의한 것이라고 말하기도 하고, 동양의 형이상학적 진리를 선호하는 이들은 전통적으로 논의되는 의미의 천도天道를 말하기도 한다. 수운은 성리학적 기반에서 우주만물의 변화질서와 체계의 유지가 천도에 의한 것이라는 노선을 따른다.

천도는 우주만물이 창조변화되는 근원의 법도이다. 문제는 천도가 어디에서 근원하는가의 소자출所自出에 관한 것이다. 필자는 수운이 말한 천도란 천주로부터 출원한다는 입장이다. 이 말은 곧 천도는 천주가 스스로 내놓은 법도이기 때문에 천주의 도라는 뜻이다. 천주는 천도를 주재함으로써 우주만물의 창조변화와 그 질서 체제를 유지하는 것이다. 따라서 천주는 우주만물을 관장하여 다스리는 실제적인 주재자가 된다. 이는 마치 한 나라를 맡아 다스리는 주재자는 그 나라의 국주國主가 되듯이, 우주 전체를 맡아 다스리는 주재자는 곧 천주라는 뜻이다. 주재자로서의 천주는 천주를 주재성의 근원에서 파악한 것이며, 그 신위神位는 바로 주재자 상제上帝이다.

유형의 주재자

　절대자 천주는 창조성과 주재성을 본성으로 한다. 앞서 논의한 '무형의 조물주'는 천주를 우주만물에 대한 창조변화의 근원으로 파악한 것이고, '주재자로서의 천주'는 우주만물의 변화질서와 체제 유지의 근원으로 파악한 것이다. '주재자'란 무슨 뜻인가? 주재主宰란 글자 그대로 '주인 주主'와 '맡아 다스릴 재宰'자로 '주관하여 다스리는 주인'을 지칭하며, 자者는 사람, 물건, 일 등을 나타내는 포괄적인 지시어로 볼 수 있다. 이를 종합해 보면, 주재자는 '무엇을 맡아 다스리는 자'란 뜻이다. 따라서 '주재자로서의 천주'는 우주만물을 전체적으로 관할하여 다스리는 자를 지칭해서 말한 것이다.

　'주재자로서의 천주'는 '유형의 주재자'를 지칭한다. 여기에서 유형有形이란 형상形相을 갖추고 있다는 뜻이다. 천주를 '무형의 조물주'로 파악한 것은 '본체本體'의 측면에서 말한 것이고, '유형의 주재자'로 파악한 것은 '실체實體'의 측면에서 말한 것이다. 본체와 실체간의 차이는 실제적인 형상을 갖추었느냐 그렇지 않느냐에 있다. 즉 실체는 근원의 본체 자리와 일체가 되어 형상을 가진 실재로 화현化現된 것을 일컫는다. 비유가 적절하진 않겠지만, 이는 마치 인간의 본체가 실제로 인간의 형상을 갖춘 존재로 실재하는 것에 비유되거나, '무형의 도道가 화현했다'고 말하거나, '무형의 다르마가 화신化身했다'고 말하는 것과 같은 이치로 이해할 수 있다. 따라서 유형의 주재자는 무형의 조물주와 일체가 되어 현실적으로 화현한 실체라고 말할 수 있다.

유형의 주재자는 우주 전체를 관할하여 다스릴 수 있는 능력에 걸 맞는 그런 주재권이 요구된다. 그러한 능력은 우주만물의 창조 변화를 일으킬 수 있는 조화권능造化權能을 자유자재로 쓰는 주재권능이다. 그런데 자유자재란 말은 의지를 가진 인격자를 함축한다. 그래서 인격적 주재자로서의 천주는 무형의 조물주가 내놓은 천지만물을 전체적으로 총괄하여 실제로 질서 있게 다스린다고 말할 수 있는 것이다.

인격적 주재자로서의 천주가 총체적으로 다스리는 주재 대상은 우주에서 일어나는 모든 것, 즉 우주만물과 그 운행의 전체를 뜻한다. 이 전체는 바로 동북아 한민족의 사유구조에서 볼 때 하늘, 땅, 인간을 총칭한다. 하늘, 땅, 인간이라는 삼재三才는 우주 전체의 삼라만상을 구성하는 근본 틀이기 때문이다.

우주 전체의 근본 틀이 되는 삼재는 어떻게 해서 정해지게 된 것인가? 이에 대하여 수운은 "음양이 서로 어울림에 비록 우주만물이 그 가운에서 변화하여 나오는 것이나 그 중에서도 사람이 최고로 신령한 존재이다. 그러므로 삼재의 이치가 정해진다."[73]라

---

73 "陰陽相均, 雖百千萬物 化出於其中, 獨惟人最靈者也, 故定三才之理."(『東

고 말한다. 무시무종의 시점에서 맨 먼저 무형의 조물주에 근거해서 현현顯現된 것이 바로 하늘과 땅이다. 하늘과 땅이 열린 것이다. 하늘과 땅은 만유 생명의 존재가 창조변화되는 근거로서 천체天體와 지체地體라 할 수 있겠는데, 그에 대한 상징어는 순양純陽과 순음純陰으로 불릴 수 있다. 하늘과 땅의 조화, 즉 순양순음의 현묘玄妙한 조화작용으로 인해 인간을 포함한 만유의 존재가 창조 변화되어온 것이다. 하늘, 땅, 인간이라는 삼재라는 것은 이렇게 정해진 것이다.

그런데 하늘과 땅의 조화에 의해 창조된 만유의 것들 중에서 가장 신령한 것은 인간이다. 인간이 가장 신령하다는 근거는 어디에 있는가? 그것은 조물주의 신성을 그대로 품부 받아 드러낸 것이 사람이라는 데에 있다.[74] 즉 하늘의 이치는 무한한 창조성을 발휘하는 것이고, 땅의 이치는 하늘이 내리는 창조성을 아낌없이 화육하여 드러내는 것이다. 그리고 하늘과 땅의 조화로 만유를 무한히 창조 육성하는 궁극 목적은 성숙한 사람을 기르는 데에 있다. 그것은 성숙한 인간만이 만유의 창조 목적을 제대로 인식할 수 있는 영성靈性을 갖고 있기 때문이다. 이로써 곧 천주의 섭리를 깨우칠 수 있는 가장 신령한 존재는 바로 인간이 되는 것이

經大全』「論學文」) 여기에서 수운은 천지의 조화로 창조변화되는 것들 중 유독히 신령한 존재는 인간임을 강조한다. 이점은 서교의 창조관과 전적으로 다른 것임을 알 수 있다.

74 문계석, 『생명과 문화의 뿌리 삼신』, 67쪽 참조.

며, 만물들 중에서 인간이 최고로 존귀한 존재가 되는 까닭은 바로 여기에 있다.

주재자로서의 천주는 지존무상의 인격자이다. 그것은 무형의 조물주가 그대로 현현한 실체가 되기 때문이다. 그래서 인격적 주재자로서의 천주는 우주에서 창조 육성되는 모든 것들이 조화調和를 이루어 자연과 문명과 인류가 최선의 목적에 이를 수 있도록 삼계를, 즉 하늘, 땅, 인간세계를 관할하여 통치한다.

문제는 천주가 삼계를 어떻게 주재하여 다스리게 되느냐 하는 것이다. 천주는 '우주만물이 생겨나라', '일월성신이 질서 있게 운행하라', '지구의 계절은 춘하추동으로 순환하라.'와 같이 그렇게 말로써 주재하는 것도 아니고, 천주가 마음먹은 대로 의지에 따라 모든 것이 그렇게 다스리는 것도 아니다. 주재자로서의 천주는 하늘, 땅, 인간의 삼계를 다스리되, 천도天道를 주재함으로써 우주 안에서 펼쳐지는 모든 것을 관할하여 다스린다고 할 수 있는 것이다.

천주는 천도의 주재자

천도天道란 무엇인가? 글자 그대로 말한다면 '하늘의 도'이다. 여기에서 수운이 말하는 천도는 하늘의 도[天道], 땅의 도[地道], 인간의 도[人道]라고 할 때의 '하늘에 한정되어 있는 천도'와 다르다. 왜냐하면 우주자연의 근본 틀은 하늘, 땅, 인간의 삼계三 界이며, 천도는 삼계에서 일어나는 모든 것을 포괄하기 때문이다. 그래서 그가 말하는 천도는 자연의 이법, 인륜의 도법, 문명사의 법칙 등, 삼라만상의 전체를 포괄하는 전일全一한 대도라고 할 수 있다.

전일한 특성을 가진 천도는 동양의 우주관에서 언급되는 기존의 도와 근본적으로 다르다고 할 수 있다. 즉 주자학의 연장선상에서 언급되는 유가儒家의 이법적 천도나 도덕적 천도와는 다른 특성을 가지며, 도가에서 말하는 자연의 도[道法自然]와도 다른 양상을 갖는다. 그 까닭은 수운이 제시하는 천도가 육안으로 확인되는 것은 아니지만, 그 안에는 약육강식이 지배하는 자연계의 위계질서, 온갖 위선과 허위, 부패가 판을 치는 사회현상, 역사 속에 등장하여 생겨났다가 사라진 수많은 국가와 민족들의 변천사조차도 모두 포함되어 있기 때문이다.

천도는 하늘, 땅, 인간계에서 일어나는 모든 것을 포괄하는 삼계의 도이다. 삼계의 도는 어디에서 비롯한 것인가? 그 소자출所自 出은 절대자 천주에 근거한다. 왜냐하면 수운의 '천天'은 우주의 삼계를 포괄하여 말한 것이고, 삼계의 도는 절대자 천주의 대도이기 때문이다. 그래서 무형의 조물주가 운용하여 역사하는 창조변화는 천도에 따라 전개되는 것이며, 조물주의 본체와 일체가 되어 실재하는 유형의 주재자는 조화권능으로써 삼라만상을 조화하여 질서 있게 주재하여 이끌어간다고 볼 수 있는 것이다. 이런 의미에서 주재자로서의 천주는 천도를 주재하여 삼계, 즉 천지만물을 다스린다고 말하는 것이다.

결과적으로 말해서 우주자연 전체에서 일어나는 창조변화의 조화 자취란 삼계에서 벌어지는 현상이고, 삼계에서 벌어지는 모든 것은 천도의 영역을 벗어날 수 없게 된다. 즉 하늘, 땅, 인간계를 포함하는 천도를 벗어나서 제멋대로 일어나는 것은 우주 천지에 아무 것도 없다는 얘기다. 이 말은 곧 그 어느 것도 주재자로서의 천주의 주재 영역을 결코 벗어날 수 없다는 뜻이다.

주재자로서의 천주는 우주만물을 '어떻게' 주재하여 다스리게 되는가? 수운은 "천주의 도는 무위이화이다."[75]라고 말했다. 여기에서 '무위이화無爲而化'는 글자 그대로 표현하자면 '억지로 함이 없이 저절로 되는 것'을 뜻한다. 그가 '무위이화'를 말한 뜻은 천주가 우주만물의 창조변화를 주관하여 다스리는 '주재방식'을 표현한 것으로 보인다. 즉 천도의 주재방식은 바로 무위이화라는 얘기다.

무위이화로 주재되는 천도는 음양의 동정動靜에 따라 땅에서 성쇠盛衰의 법도로 펼쳐진다. 즉 하늘에서는 음양 동정의 이치가

---

75 "吾道 無爲而化."(『東經大全』「論學文」)

작용하고, 땅에서는 성쇠의 현상으로 나타난다는 뜻이다. 여기에서 음양은 동정으로 작용하는 창조성의 법칙이라 할 수 있고, 차고 비는 성쇠는 일체의 모든 것이 현실 속에 구현되어 드러나는 변화 현상이라 할 수 있다. 음양 동정의 이치가 불변하다면 그에 따른 성쇠의 현상 또한 마찬가지이다. 이를 수운은 "차고 비는 것이 번갈아 가면서 서로 이어져 나가는 수數가 있고, 동정의 원리가 변하여 바뀌는 이치가 없다."[76]라고 기술했던 것이다.

음양 동정에 따른 성쇠의 질서는 조금이라도 어긋남이 없이 운행되기 때문에 상도常道요, 그 모습은 조금도 변함이 없기 때문에 상연常然으로 표현된다. 상도요 상연이라는 의미에서 천지자연의 모든 현상을 수운은 자체로 "가고 돌아오지 않음이 없는 이치[無往不復之理]"로 말하게 된다. 따라서 천도는 무왕불복의 순환이치로 펼쳐지는데, 이는 곧 우주의 유기적인 생명체는 물론이고 천지만물의 창조변화, 흥망성쇠의 전철을 따르는 문명과 인간사 모두가 전적으로 천주의 주재방식, 즉 천도(음양 동정에 따른 성쇠의 법도)에 따라 진행될 수밖에 없다는 것을 의미한다.

무왕불복의 순환이치를 말함에 있어서 수운은 자연계에서 일어나는 "바람이 불고 이슬이 내리며, 서리와 눈이 내리는 것이 그

---

76 "有盈虛迭代之數, 無動靜變易之理."(『東經大全』「論學文」)

때를 잃지 않고, 그 차례를 잃지 않는 것."[77]을 예로 들고 있다. 이는 "사시성쇠四時盛衰"가 서로 바뀌면서 이어져 간다는 뜻이다. 이를 풀어서 네 단계로 분석하면 생장염장生長斂藏이라는 시간 마디로 말할 수 있다. 즉 생장염장은 우주의 삼라만상이 창조 변화하는 순환이법이 되는 것이다. 달리 표현하면 주재자로서의 천주는 생장염장의 순환이법을 주재하는 것이다. 그래서 천주는 "내가 천지를 주재하여 다스리되 생장염장生長斂藏의 이치를 쓰나니 이것을 일러 무위이화라 하느니라."(『도전』 4:58:4)고 말했던 것이다. 주재자의 주재섭리는 바로 생장염장의 순환이법인 것이다. 정신적인 것이든 물리적인 것이든 우주변화의 모든 것은 이러한 순환이법을 전적으로 따른다는 얘기다.

자연사적인 것이든 문명사적인 것이든 생장염장의 순환이치를 벗어날 수 없다. 만유의 창조변화, 약육강식이 지배하면서도 상보적 관계로 유지되는 자연계의 위계질서, 시간 속에 생겨났다가 어느 정점에서 사라져가는 유형무형의 현상들, 이 모든 것들은 전적으로 생장염장의 순환이치를 따르게 마련이다. 생장염장으로 순환하는 천지만물은 모두 무위이화로 주재되는 천도에 의한 것이며, 천주는 천도를 주재하기 때문에, 우주사 전체는 곧 무궁무진한 주재의 힘으로 펼쳐지는 천주의 역사임을 말해주고 있다.

---

77 "風露霜雪 不失其時 不變其序."(『東經大全』 「論學文」)

천도의 주재자는 지존무상의 상제上帝

무위이화로 천지만물을 짓고 그것들의 질서를 총체적으로 관장하여 다스리는 천도의 주재자, 즉 하늘, 땅, 인간 삼계를 총체적으로 관할하여 다스리는 통치자는 바로 수운이 목숨을 건 구도의 과정에서 직접 처음으로 만난 지존무상至尊無上의 인격신, 상제上帝이다.

수운은 경신년 4월 5일 신비체험의 과정에서 알지도 못하는 어느 '신선'의 말씀을 듣게 되는데, 그 신선은 스스로 자신이 다름 아닌 상제임을 수운에게 신위를 밝히고 있다. "두려워하지 말고 두려워하지 말라. 세상 사람들이 나를 상제라 이르거늘 너는 상제를 알지 못하느냐."는 기록이 바로 그것이다. 수운은 상제를 직접 친견하기 까지는 그분이 어떤 존재인지를 알지 못했던 것이다. 이는 「안심가」에서 "사월四月이라 초오일初五日에 꿈일런가 잠일런가. 천지天地가 아득해서 정신수습精神收拾 못할러라. 공중에서 외는소리 천지가 진동震動할 때 …공중에서 외치는 소리 물구물 공勿懼勿恐하였어라. 호천금궐昊天金闕 상제님을 네가 어찌 알까보냐."의 기록으로 미루어 보아 확인할 수 있는 대목이다.

그가 직접 친견하게 된 지고지순至高至純한 상제는 누구인가? 상上은 '위상 자'로 최고로 높은 하늘에 있는 으뜸의 인격신人格神

을 뜻하고, 제帝는 "천하를 호령하는 왕자의 호칭"[78]으로 천지만물 전체를 맡아 경영하여 다스리는 주재의 의미를 갖는다. 달리 말하면 주재자로서의 천주는 그 신위神位가 바로 상제라는 뜻이다. 상제는 곧 무형의 조물주가 실제로 화신化身한 인격신, 즉 모든 조화권능을 그대로 쓰는 '하늘 임금'인 것이다.

지존무상의 상제와 주재자로서의 천주는 논리학적인 용어로 표현하면 동등同等개념이 아니라 동연同延개념이다. 수운이 천주를 주재자로 말한 것은 통치성을 강조한 표현이고, 상제로 말한 것은 지존무상의 인격신을 강조하여 표현한 것이다. 그래서 천지만물을 총괄하여 다스리는 인격적 주재자에 대한 올바른 신의 호칭은 바로 상제이다.

상제는 지극히 존귀하고 으뜸이 되는, 지고신의 위격을 강조하여 호칭한 것이다. 즉 인격적 신성神性과 주재성主宰性에서 으뜸이 되는 상제는 천지만물의 원 주인으로 말할 수 있고, 신들을 비롯하여 자연의 변화와 인간사를 주관하여 통솔한다는 의미에서 하늘임금이 된다. 하늘임금인 상제는, 마치 안락하고 행복한 가정을 원하는 사람이 그에 적합한 집을 설계하여 짓고, 가재도구 및 식솔들을 관할하여 집안 전체를 질서 있게 다스리는 집주인이 있듯이, 바로 호천금궐에서 인간사회뿐만 아니라 우주만물을 무위

---

78 하야시 미나오 지음, 박봉주 옮김, 『중국고대의 神들』, 202쪽.

이화로 주재하여 다스리는 최고의 인격적 주재자主宰者이다.

인격적 주재자의 호칭이 바로 상제였음은 고대 동북아 전통에서도 그 흔적을 찾아볼 수 있다. 중국의 상고사를 검토해 보면 상제는 예로부터 절대적인 인격적 주재신主宰神으로서, 최고의 외경畏敬과 숭경崇敬의 대상인 하늘[天]과 같은 의미로 통용되기도 하였다. 하늘은 신령한 최고의 인격적 주재신이면서 적어도 인간과 같은 감정과 의지를 가진 상제의 의미로 쓰였다는 얘기다. 이는 고대 원시유가에서 하늘[天]과 상제를 같은 의미의 인격신으로 기술하고 있다는 데서 확인해 볼 수 있다. 즉 중국 고대에서는 위대한 힘을 가진 어떤 것으로 '자연천'은 곧 '상제천'으로 쓰이기도 하였던 것이다.[79]

---

79 이후 천 개념은 자연법칙 내지는 도덕법칙으로서의 천리로 전환된다. 주周에 이르면서부터는 공자에 의해 천명天命으로서 정치적 함의와 함께 도덕적 천이 문화의 중심에 자리 잡게 된다.(김충열, 『중국철학사-중국철학의 원류』, 30-39쪽.) 그러다가 한 대漢代에 이르자 동중서는 '인간이 하늘에 순응한다'는 관념 아래 '천인감응설天人感應說'을 제기함으로써 왕권을 견제하고 군왕의 도덕적 반성을 촉구하는 이론적 근거를 마련하게 된다. 여기서의 천은 인격적 의지를 지닌 존재로 다분히 비치고 있다. 그러다가 송宋대에 이르자 천 개념이 태극太極이라는 리理의 개념으로 대용되면서 천은 이법적 천으로 변하게 된다.(윤사순, 「유학의 자연철학」 『조선유학의 자연철학』, 37쪽.) 즉 천이 리理의 의미로 규정된 것이 바로 성리학이다. 주자는 천리天理를 우주의 본체를 뜻하는 태극으로 간주하여 이법적 천의 의미를 말하게 된 것이다. 조선 유학자들에게서는 우리 고유의 경천사상敬天思想과 연관되면서 느슨한 이법적 천으로 간주하게 되고, 서양의 영향을 받은 일부 학자들은 물리적 자연천으로 이해하기도 했다. 그러다가 리의 관념으로서는 도덕적 원리를 세우기 어렵다는 판단하에 정약용은 상제천으로 부활시켜 무력화된 리에 대신하고자 했

중국의 상고시대 은나라의 갑골문甲骨文에 등장하는 상제는 자연 질서의 변화를 주관하여 다스리고, 인간에 대하여 통솔력을 행사하는 주재자의 의미를 갖는다. 즉 고대 농경사회에서 상제는 천상에 있으면서 대자연의 바람, 구름, 번개, 비 등을 주재하였고, 이들의 신에게 명령을 내려 백성에게 벌을 주거나 호혜를 베풀기도 하였다. 상제는 가뭄을 들게 하거나 비를 내리게 하여 흉작과 풍작을 관장하기도 하고, 마을을 건설하는 일, 이민족의 징벌을 위해 전쟁을 일으키는 일, 도읍에 재앙을 내리는 일에도 직접적으로 관여하는 최고의 인격적 주재신이었다.[80]

『시경詩經』에 기록된 것을 살펴보면, 하늘에 있는 인격적 주재자 상제를 찬양하는 많은 노래들이 여러 곳에 등장한다. 상제는 인간들의 행위와 그 가치에 대하여 상벌을 내리기도 하고, 도덕적으로 잘못된 행위를 평가하여 그런 자를 벌주거나 은덕을 베푸는 일도 상제가 담당한다. 그 예로 「대아大雅」 황의皇矣편에 "거룩하신 상제님은 붉게 빛남으로 천하에 임하시어 사방을 두루두루 살펴보시고 백성이 편안히 할 곳을 찾으셨네," 그리고 판板편에 "하늘의 노여움에 고개를 숙여 함부로 희희낙낙 즐김을 없애고, 하늘의 슬기를 공경하여서 뛰놀고 다니는 일 없어야 하네. 하늘이

다.(유종권, 「茶山의 천관」, 『정약용』.)
80 하야시 미나오 지음, 박봉주 옮김, 『중국고대의 神들』, 198~200쪽 참조.

굽어보심은 밝고 밝아서 그대가 나고 듬에 함께 하시네."[81]의 기록을 들 수 있다.

『서경書經』에는 중국 상고시대에 역대 제왕들이 재위에 오르면서 하늘의 인격적 상제에게 천제를 올렸다는 기록이 등장한다. 즉 선행을 한 사람에게는 복을 주고 악행을 한 사람에게는 재앙을 내린다는 절대자라는 의미에서 하늘의 주인인 상제는 제천의식의 대상이 됐던 것이다. 특히 나라를 일으키는 것도 상제의 소명에 따른 것이다. 「주서周書」 대고大誥에 "나 소자는 상제님의 명을 감히 저버릴 수 없다. 하늘이 녕왕(문왕과 무왕)에게 복을 내려 우리 작은 주나라를 흥하게 하시었다."[82]라는 기록은 이와 같은 맥락에서 이해된다. 후에 등장하는 왕권신수설王權神授說은 바로 이로부터 기원하는 것으로 추정된다.

주재자로서의 상제는 하늘에서 천도를 무위이화로 주재함으로써 성운盛運과 쇠운衰運에 따라 전개되는 자연사와 문명사, 그리고 인간사 등, 천지만물을 주관하여 다스린다고 볼 수 있다. 그러한 측면에서 보면 상제는 전지전능全知全能한 최고의 유일신이라 할 수 있다. 그것은 수운이 표현한 "아서라 저 사람은 네가 비록 암사하나 하늘님도 모르실까?"(「흥비가」)에서 분명히 확인할 수

---

81 "皇矣上帝 臨下有赫, 監觀四方, 救民之莫.('皇矣') … 敬天之怒 無敢戲預, 敬天之渝 無敢馳驅. 昊天曰命 及爾出王.('板')"(『詩經』「大雅」)
82 "予惟小子 不敢替上帝命. 天休于寧王 興我小邦周."(『書經』「周書」'大誥')

있다. 또한 상제는 인간에게 재앙이나 복록을 가져다주기도 하지만 인간의 생명에 대한 생사존망도 관할한다. 「권학가」의 "대저 인간 초목 군생 사생재천 아닐런가."와 「논학문」의 "수명은 하늘에 달려 있다는 것과 하늘이 만민을 내셨다는 것은 옛 성인이 이른 말씀으로 지금까지 길이 남아 있다."는 의미는 이를 말해주고 있다. 인간의 도덕성과 관련해서 「도덕가」의 "하늘님은 지공무사 하신마음 불택선악 아시나니 효박한 이 세상을 동귀일체 하단말가."는 상제가 선악을 가리지 않고 오직 객관적이고 공평무사함을 나타내주고 있다.

옛 성현들이 깨달아 가르쳐 왔던 것처럼, 인류의 도덕이란 것도 천주의 도요 천주의 덕[天道, 天德]에서 발원하는 것이고, 이에 근거해서 상제는 선한 사람에게는 행복을, 나쁜 사람에게는 불행을 주기도 하며, 장생이나 안녕을 도모하는 것, 사회적인 안정이나 국가적인 불행을 가져다주는 분이라고 수운은 간주했던 것이다. 이는 아마도 수운이 주재자로서의 천주를 통해서 유교적 전통의 상제관에 대한 동양적 인식을 반영하고자 했던 것으로 보인다. 이러한 사실은 적어도 호천금궐에 계신 상제가 개벽開闢으로 기존의 세상[先天]을 열어놓고, 만유생명의 창조와 그 변화가 천도의 질서에 따라서 전개되어 가도록 무위이화로 주재해 왔다는 주장에 함축되어 있다.

4) 천주를 입증하는 불연기연不然其然의 논법

절대자를 믿지 않는 사람은 천주의 실존을 부정할 것이다. 그들은 천지만물의 창조변화와 질서유지란 단순히 자연의 이법에 근거해서 발생하는 것이라고 여기는 자들이기 때문이다. 특히 우주자연의 창조변화를 '이법적 천'으로 인식하려는 자들도 이 노선에 편승해 있다고 본다. 이에 대하여 수운은 우주자연의 모든 것이 천주의 조화자취이고, 성인이 출현하여 그 자취를 궁구하여 이법을 창안해 가르친 것으로 보는 관점이다. 즉 우주자연이란 단순히 이법에 의한 것이 아니라 근원적으로 보면 천주의 조화로 인한 자취에 지나지 않는다는 것이다.

그래서 수운은 우주 안에서 벌어지는 모든 창조변화와 질서 유지는 절대자 천주에 근원하는 것임을 입증한다. 입증 방식은 그가 새롭게 제시한 '불연기연'에 의한 논법으로 알려져 있다. 필자는 그가 제시한 논법, 즉 불연에서 기연으로의 전환을 통해 천주의 실존을 입증해 보고자 한다. 이 논법은 일찍이 서구에서 형이상학자들이 신의 존재를 증명하기 위해 사용한 '본체론적 증명'[83] 과 '우주론적 증명'[84]의 형식에 비교해볼 때 근본적으로 다른 논

---

83 절대적인 신의 존재에 대한 본체론적 증명은 안셀무스Anselmus의 논증이 유명하다. 그는 "더 이상 크다고 생각될 수 없는 어떤 것", 즉 "가장 완전한 인격자에 대한 관념"을 갖고 귀류법을 통해 신의 존재를 증명한다.(문계석, 『철학의 근본문제』, 264-65쪽 참조.)

84 토마스 아퀴나스Thomas Aquinas는 우주론적 논증을 통해 신의 존재를 증

법임을 알 수 있다.

불연기연의 의미

수운이 천주를 증명하는 방식은 자신이 새롭게 창안한 독특한 논리, 즉 불연기연不然其然의 논법이다. 그는 불연에서 기연으로의 전환을 통해서 천주의 실존을 입증한다.

불연기연이란 무엇인가? 이에 대하여 수운은 "확정하기 어려운 것은 불연이요 판단하기 쉬운 것은 기연이다. 먼데를 캐어 견주어 궁구해 보면 그렇지 않고 그렇지 않고 또 그렇지 않은 것이다. 조물자에 붙여 보면 그렇고 그러하며 또 그러한 이치이다."[85]라고 정의한다. 불연은 '그렇지 않다'는 부정의 뜻이다. 불연은 보이지도 않고, 아무리 생각해 보아도 납득이 안되며, 생각조차 할 수 없는 초논리적인 불확실성의 세계를 말한다. 반면에 기연은 '그렇다'는 긍정의 뜻이다. 기연은 현상으로 드러나 있어서 확인할 수 있고, 이성적으로 생각해 보면 납득이 되는 것이고, 논리적으로 궁구해 보면 알 수 있는 확실성의 세계를 말한다.

명하는데, 그것은 경험적인 존재를 기준으로 해서 궁극의 존재 원인을 찾아내는 방식이다. 경험적으로 볼 때 운동변화의 원인에 의한 증명, 존재원인에 의한 증명, 우연성에 의한 증명, 완전성에 의한 증명, 존재 목적에 의한 증명, 이 5가지의 방식으로 그는 신의 존재를 증명한다.

85 "難必者 不然, 易斷者 其然. 比之於究其然 則不然不然, 又不然之事. 付之於造物者 則其然其然, 又其然之理哉."(『東經大全』「不然其然」)

자연의 모든 창조변화를 인식하기 위해서는 형이상학적인 의미에서 그 근원을 파악해야 한다. 근원이란 창조변화의 제1원인, 즉 아르케arche이기 때문에 '자체로' 검증되거나 인식되는 대상은 아니며, 곧 불연에 속한다. 그렇지만 근원을 전제하지 않으면, 현상세계의 기연이란 성립될 수 없다. 그렇다면 천주는 분명히 기연이 아니라 불연의 영역이다. 불연의 영역에 속한 천주는 어떻게 확실성의 영역에 들어온다고 할 수 있는가?

우선 불연과 기연의 관계에 대하여 정의해보자. 불연과 기연은 분리되어 독립적으로 성립하는 것이 아니라 하나의 두 측면을 의미한다. 하나이며 둘이라는 의미는 본체와 현상의 관계로 파악해볼 수도 있다. 즉 기연을 현상으로, 불연을 본체로 본다면, 기연은 불연이 현상론적인 결과로 드러난 조화의 자취이고, 불연은 기연의 근원적인 바탕이요 근거가 되기 때문에, 불연은 기연의 근거로 인식된다고 할 수 있다. 여기에서 근거로서 인식되는 것은 바로 천주이다. 다시 말해서 기연의 정점에서 보면 천주는 불연이 되지만, 불연의 정점에서 보면 천주는 기연의 근거로서 인식된다는 것이다.

수운이 제기한 불연기연의 논법은 다양한 각도에서 파악될 수도 있을 것이다.[86] 필자는 『동경대전』의 「불연기연」장을 검토하

---

86 "먼저 시간적으로 소급해 올라가 다다른 불연의 사태는 만물의 근원으로서의 불연으로, 이를 존재론적 불연이라고 불러볼 수 있겠다. 이에 대해 정면

여 ① 형상론의 관점, ② 존재 원인의 관점, ③ 근거의 관점에서 불연기연의 논법을 제시하여 천주의 실존을 입증해볼 것이다.

① 형상론의 관점

수운은 자연적으로 존재하는 것들에 대한 형상形相에 주목한다. 사람은 사람의 형상이 있고, 개는 개의 형상이 있으며, 콩은 콩의 형상으로 존재한다. 모든 만물은 각기 고유한 형상에 따라서 이루어지고 있는데, 이들의 고유한 형상은 셀 수 없이 많고 다양하게 존재하며, 각각의 형상이 다르기 때문에 서로 다른 것으로 인식되는 것이다. 이들의 형상은 어떻게 해서 형성된 것인가? 그것은 선대로부터 변함없이 이어져온 것이거나 그러한 형상을 창조할 그 '무엇'에 의해 이루어진 것이지, '무無'로부터 우연히 스스로 된 것이 아닐 것이다. 왜냐하면 자연에서 질서를 갖춘 형상은 절대적인 없음[無]으로부터 마구잡이로 형성되거나 우연히 성립될 수 없기 때문이다.

각각의 형상을 선대로부터 물려받았다는 사실은 오늘날 생물학적인 유전법칙으로 설명될 수 있을 것이다. 그것은 곧 사람

의 사태에 대한 부정, 반대로서의 불연은 일종의 인식론적 불연이다. 또 납득할 수 있는 정면의 사태만을 고집하는 사람의 습성은 가치론적 불연不然을 야기시킬 수 있다. 이와 같이 동학의 사유방식으로서의 불연기연不然其然은 세계를 이해하는 다양한 차원에 적용될 수 있다."(박소정, 「동학과 도가사상–불연기연의 논리를 중심으로」, 『수운 최제우』, 오문환 편저, 323-324쪽.)

이 자신과 닮은 사람을 낳고, 개가 개의 형태를 낳으며, 콩을 심으면 콩이 나오지 팥이 나오는 법이 없다는 데서 확인할 수 있다. 또한 과거, 현재, 미래를 관통하여 흐르는 시간 속에서 다양한 형상을 갖춘 수많은 종류의 것들이 각기의 유전법칙에 따라 고유한 형태를 유지하면서 세대에서 세대로 이어져 왔다. 뿐만 아니라 현재에도 그렇지만 미래에도 수많은 종류의 것들이 새로운 형상으로 창조되어 존속하다가 사라질 것이다.

그렇다면 이렇게 무수하고 다양한 형상은 누가 창조한 것인가? 그것은 분명히 그러한 형상을 조화造化하는 자가 존재하기 때문이다. 그렇지 않으면 일정한 형태를 갖추어 질서에 따라 변화하는 것은 존재할 수 없을 것이기 때문이다. 그러한 조화를 짓는 자는 유한한 인간의 인식 영역을 넘어서 있기 때문에 불연이라고 말할 수밖에 없다. 수운에 의하면, 각기 창조되어 존재하는 형상의 유래를 찾아 먼데까지 견주어 추적해 볼지라도, 최초의 형상이 각기 어디로부터 유래하였는지를 알기가 아득하기 때문에 기연이라고 말하기가 어렵고 오직 불연이라고 말해야 한다는 것이다.[87]

② 존재 원인의 관점

현실적으로 존재하는 것을 인식하기 위해서는 그 원인causa을

---

87 "千古之萬物兮, 各有成各有形 所見以論之, 則其然而似然 所自以度之, 則其遠而甚遠, 是亦杳然之事難測之言."(『東經大全』「不然其然」)

알아야 한다. 원인에 관한 문제는 존재 원인과 운동의 원인으로 따로 구분하여 말해볼 수 있다.

먼저 존재 원인을 추적하는 방식으로 구체적인 '나'의 존재를 예로 들어 보자. 나의 존재는 부모로부터 나에게로 전해진 것이다. 부모 없이는 나의 존재란 현존할 수 없다. 부모 없는 자식이란 있을 수 없다는 얘기가 그 말이다. 또한 나의 존재는 자손에게로 계속 이어질 수 있다. 나 없이는 나의 자손 또한 없기 때문이다. 이러한 사실은 당연한 것이다. 모두 기연이다. 나아가 나의 존재에 대한 근원을 찾아 거꾸로 소급해서 올라갈 수 있다. 부모의 존재는 조부모로부터, 조부모의 존재는 증조부모로부터 … 최초의 조상에 이를 때까지 논리적으로 추론해서 알 수 있다.

나의 존재에 대한 최초의 조상까지의 파악은 모두 기연인 것이다. 그런데 최초의 조상을 넘어 그 원인을 찾아 한 걸음 더 소급해 올라가게 되면, 인류의 존재는 과연 어떻게 해서 연유하는 것일까 하는 물음에 직면하게 된다. 각기 다른 종류의 존재 또한 최초에 어떻게 해서 존재하게 되었는가의 물음도 마찬가지다. 따라서 천지만물이 최초에 어떻게 해서 각기 존재하게 되었는가의 근원의 문제는 논리적으로 추론하여 알 수 없는 초논리적인 불연의 세계이고,[88] 이에 근거해서 기연의 세계가 존재하는 것이다.

---

88 "我思我 則父母在玆, 後思後 則子孫存彼, 來世而比之 則理無異於我思我, 去世而尋之 則惑難分於人爲人. 噫, 如斯之忖度兮, 由其然而看之 則其然而其

다음으로 자연의 모든 운동 원인을 추적하여 최초의 원인을 밝혀 보자. 주변을 둘러보게 되면 자연적인 모든 것들은 잠시의 정지도 없이 운동 변화한다고 상식으로 알고 있다. 그것들의 운동 변화의 방식은 각기 다르다. 그것은 각기 다른 방식의 원인이 제공되기 때문에 그렇게 드러나게 되는 것이다. 각기 다른 운동과 변화의 원인에 원인을 찾아 무한히 소급해 올라갈 수 있다. 결국 인간의 사유는 더 이상의 원인이 없는 최초의 운동 원인에까지 이를 것이다. 최초의 원인 직전까지의 파악은 모두 기연이라 할 수 있다. 그러나 최초의 원인 그 자체를 넘어서게 되면 더 이상의 원인이 없는 사태에 직면하게 된다. 달리 말하면 우리는 사유의 추론을 통해서 인식해 가다보면 기연의 정점에 도달하게 되는데, 그 정점에서 진일보하게 되면 대립항인 불연不然에 직면하게 된다는 뜻이다. 그렇다면 자연에서 일어나는 모든 운동 변화는 궁극적으로 불연에 근거한다고 말할 수 있다.

③ 근거의 관점

평소에 아무런 반성 없이 살 때는 기연으로 보이는 것들도 반성적으로 그 이유나 근거를 따져 물을 때는 기연이 아닌 것이 허다하다. 수운은 「불연기연」장에서 따져서 설명할 수 없는 자연적인 사태에 대해 대략 7가지의 예를 들어 불연을 말하고 있다.

然, 探不然而思之 則不然于不然.”(『東經大全』「不然其然」)

4계절의 변화가 조금의 오차도 없이 질서정연하게 갈마듦으로써 만물이 생장염장으로 순환하는 자연의 이치[四時之有序兮], 선천의 운수가 가고 후천의 운수가 옴을 상징한다는 의미에서 산 위에 물이 있는 까닭[山上之有水兮], 말도 못하는 아기가 자신의 부모를 알아보는 이치[赤子之穉穉兮 不言知夫父母], 성인이 출현할 때 황하수가 한 번 맑아지는 까닭[聖人之以生兮 河一淸千年], 밭을 가는 소가 사람의 말을 알아듣는 이유[耕牛之聞言兮], 까마귀가 반포지은 하는 까닭[烏子之反哺兮], 강남으로 날아갔던 제비가 봄이 오면 자기가 태어난 집으로 다시 돌아오는 이유[玄鳥之知主兮] 등이 그것이다. 이러한 사건들이 일어나는 근거를 알기란 그리 쉽지 않은 불연이다.

기연은 합리적으로 알 수 있는 것이고, 불연은 알 수 없는 것이다. 우리는 우주에서 벌어지는 것들의 조화자취를 궁구하게 되면 논리적으로 그 이치를 이해할 수 있다. 이치는 기연의 영역이다. 그러나 우리가 이치의 정점에 이르게 되면 '이치를 이치가 되도록 하는 근원', 즉 기연이 될 수 있도록 하는 근원으로서 불연에 직면하게 된다. 기연은 모두 인식에 속하지만 불연은 인식 불가한 초논리적인 것이다.

천주에 대한 입증은 불연에서 기연으로의 전환

천주에 대한 증명은 불연에 대한 인식의 한계를 극복하는 방안,

즉 불연에서 기연으로의 전환에 있다. 이는 어떻게 가능한가? 그것은 사유의 질적인 도약을 통해서 가능하다. 사유의 질적인 도약은 곧 먼데를 견주어 조물자에 붙여 보는 것이다. 그렇게 되면 불연에 속했던 모든 것이 조물자의 그렇고 그러한 이치에서 벌어진 것임을 인식할 수 있다는 얘기다.

사유의 질적인 도약은 어떻게 가능한가? 본말本末을 궁구하는 방식이 그 하나일 수 있다. 그래서 수운은 "이에 외적으로 나타난 지엽적인 현상[末]을 헤아려 살피고 그 근본[本]을 궁구해 보면, 만물은 만물이 되고 이치가 이치 되는 대업은 얼마나 먼 것이냐."[89]고 했던 것이다. 즉 자연세계에 나타나는 유형적인 천지만물의 현상[末]을 깊이 있게 궁구하여 보면, 그것들이 나타나도록 하는 어떤 무형의 이치[本]가 있다. 현상을 현상이 되도록 하는 것은 바로 무형의 이치라는 얘기다. 그런데 무형의 이치가 이치일 수 있도록 하는 것은 무엇인가? 그것은 바로 도道이다. 이러한 도와 관련하여 『대학大學』은 "물物에는 드러난 현상과 그 근본이 있고 사事에는 마침과 시작이 있으니, 먼저 할 일과 나중 일을 가릴 줄 알면 도에 가깝다."[90]라고 했다. 여기에서 도는 다름 아닌 근원

---

89 "於是 而揣其末究其本, 則物爲物理爲理之大業, 幾遠矣哉."(『東經大全』 「不然其然」)

90 "物有本末 事有終始, 知所先後 則近道矣."(『大學』) : 대학 장구에서는 '물유본말 사유종시'를 3강령을 해석하는 것에 적용하고 있다. 즉 밝은 덕[明德]은 근본[本]이 되고, 신민[新民]은 마침[末]이 되며, 지지知止는 시작[始]가 되고, 능

의 도, 다시 말해서 천주의 도이다.

수운은 왜 「불연기연」장에서 불연이었던 천주를 기연으로 전환하여 그 존재를 입증하고자 했던 것일까? 그는 천주의 존재를 깨달아야 천주를 진정으로 믿을 수 있다는 확신 때문이었을 것이다. 이에 대하여 그는 "불연이란 알지 못하는 것이므로 불연을 말하지 못하고, 기연이란 아는 것이기 때문에 이에 기연을 믿는[91] 것이다."[92]라고 말한다. 아는 것은 말할 수 있고 믿을 수 있지만, 모르는 것은 그렇지 않다는 것이다. 그래서 천주의 존재를 입증하는 일은 불연을 기연으로 바꾸는 작업이다. 불연을 기연으로 전환하는 것은 곧 본말本末을 궁구하여 무형의 이치를 밝히는 것이다. 무형의 이치를 밝히는 것은 곧 근원으로서 천주의 도를 밝히는 것이다.

천주의 도에 대한 깨달음은 사유의 질적 비약을 동반한다. 사유의 질적 비약은 믿음을 통해서 가능하며, 믿음과 동시에 불연이 기연으로의 전환이 이루어지게 되는 것이다. 즉 믿음, 사유의

득능득得能得은 마침[終]이 되니, 본本과 시始는 먼저해야할 것이요, 말末과 종終은 뒤에 해야 할 것이라고 풀이한다.(성백효 역주, 『大學·中庸集註』, 24쪽.)

91 여기에서 유철은 '恃'에 주목한다. '侍天主'에서의 '모실 시侍'와 '믿을 시恃'를 동연으로 보고 있다.(유철, 『잃어버린 상제문화를 찾아서(동학)』, 93쪽 주 35번 참조.) 이러한 주장은 불연이었던 천주가 기연으로 전환됐을 때에 가능하다고 본다.

92 "則不知不然 故不曰不然, 乃知其然 故乃恃其然者也."(『東經大全』「不然其然」)

질적 비약, 그리고 곧 천주의 도를 깨달음으로써 우리는 모든 불연을 조물자에 붙여볼 수 있게 된다. 따라서 불연으로 간주되었던 것이 기연으로 전환되어 우리가 천주의 존재를 깨닫게 되는 것이다. 이것은 믿음을 통해 불연이 기연으로 전환되고, 기연을 통해 다시 천주에 대한 믿음이 확고해지며, 이를 통해 천주를 인식하게 된다는 것이다. 믿음과 인식의 관계로 볼 때, 수운은 결국 '천주를 믿기 위해서 아는 것이 아니라, 알기 위해서 천주를 믿어야 한다'는 입장이다.

◉ 최제우대신사

3. 천주와 하나 되는 시천주侍天主

수운이 창도한 동학의 목적은 지구촌 인류가 모두 금수와 같은 상태를 버리고 신천지의 새 인간으로 거듭남으로써 도성덕립道成德立한 성인이 되는 길이 그 하나이다. 그 방안으로 그는 각자에게 타고난 "마음을 닦고 정기를 바르게 하는[修心正氣]"[93] 수행론을 제시하고 있다. '수심정기'의 수행론은 유교나 불교의 도법과는 다른, 수운 자신이 제시한 수덕修德의 요체라 할 수 있다.

수덕의 정법은 '정성과 공경을 다해 한마음으로 천주를 신앙[誠敬信]'하는 것을 중심으로 삼는다. 수운이 「도덕가」에서 "성경誠敬 이자二字 지켜내어"라고 한 뜻은 정성과 공경을 다하여 한마음으로 믿음[信]을 지켜내는 것이 핵심이다. 믿음의 대상은 천도의 주재자, 즉 인격적 상제上帝이며, 상제를 신앙함으로써 모두가 그와 한 마음으로 통하고, 천도를 깨달아 천명에 따라 살게 되면 누구나 도성덕립에 이를 수 있다는 것이다. 문제는 어떻게 하

---

93 "仁義禮智 先聖之所教, 修心正氣 惟我之更定."(『東經大全』「修德文」)

는 것이 천주에 대한 올바른 믿음이 되는 것인지를 선명하게 정의하는 일이다. 천주를 바르게 신앙하지 않으면 천주에 대한 확신이 없어지고 결국엔 맹목적인 신앙관으로 흐를 수 있기 때문이다.

천주에 대한 올바른 믿음을 유지하는 길은 어디에 있는가? 그것은 천주를 바르게 이해하는 것이다. 하나의 방법은 수운에게 천명으로 내려진 주문呪文을 올바르게 밝히는 것에 들어 있다고 본다. 주문이란 "천주를 지극히 위하는 글"[94]이기 때문이다. 다시 말해서 수운이 말하는 천주를 무형의 조물주와 유형의 주재자로 구분하여 파악하는 것도 중요하지만, 동학사상을 바르게 이해하기 위해서는 상제로부터 직접 받아 내린 "시천주 주문侍天主 呪文"을 명확히 분석하여 파지해 보아야 한다는 것이다.

시천주 주문은 '본주문'과 '강령주'을 합하여 총 21자로 구성되어 있다. "시천주 조화정 영세불망 만사지侍天主造化定 永世不忘萬事知(本呪文), 지기금지원위대강至氣今至願爲大降(降靈呪)"[95]가 그것이다. 시천주 주문을 올바

---

94 "至爲天主之字."(『東經大全』「論學文」)

95 『東經大全』「呪文」.

侍天主造化定 永世不忘萬事知 至氣今至願爲大降

시천주 조화정 영세불망 만사지 지기금지원위대강

시천주 주문

르게 파악하기 위해서는 핵심을 이루는, 본주문의 '천주天主'와 강령주문의 '지기至氣'관념을 어떻게 풀어내느냐 하는 것이 관건일 것이다.

필자는 먼저 '시천주'를 올바르게 파악하기 위해 강령주문의 지기에 대한 의미를 보다 포괄적이고 심도 있게 분석해볼 것이다. 그런 다음 지기와 천주와의 관계를 어떻게 설정해야 바른 것인지를 분명하게 규정해 볼 것이다. 다음으로 '시천주'가 가지는 포괄적인 뜻을 파악해볼 것이다. 그럼으로써 우리는 수운의 동학을 제대로 파악할 수 있으며, 그 가르침에 대한 최종 목적을 간파할 수 있을 것으로 본다. 마지막으로 우리가 어떻게 하면 시천주 신앙을 토대로 하여 동학의 궁극목적인 신인합일의 경계("吾心卽汝心")에 어떻게 도달할 수 있는가에 대한 밑그림을 그려볼 것이다.

1) 지기至氣에 대한 정의

세상을 구하겠다는 일념으로 구도의 길에 들어섰던 수운은 경신년 4월 5일에 처음으로 상서로운 기운을 느끼면서 몸과 마음이 변화가 일어남을 체험하게 된다. 이러한 체험은 "기화지신氣化之神"의 경계에 이르렀음을 뜻한다. 기화지신의 경계란 밖으로는 기의 변화가 있고[외유기화外有氣化] 안으로는 신령의 작용이 있음[내유신령內有神靈]을 의미한다. 즉 외적으로는 상서로운 기운(성령의 기운)과의 접촉을 통해 신체의 급작스런 변화가 나타나고[외유접령지기外有接靈之氣], 또한 내적으로는 성령이 들어와 수운 자신은 영적인 자극을 통해 절대적인 신앙의 대상인 천주의 마음과 통하게 되고, 이로부터 천주가 내려주는 가르침[내유강화지교內有降話之敎]을 들을 수 있었던 것이다. 수운이 천주와의 직접적인 친견이 이루어지고, 이로부터 천주의 가르침을 천명으로 받아내릴 수 있었던 것은 곧 '기화지신'의 경계에 이름을 전제로 해서 가능했던 것이다.

기화지신의 참 뜻을 파악하기 위해서는 우선 '기화氣化'에 대한 뜻을 알아야 하지만, '기氣'와 관련화여 우선 강령주문, "지금 지극한 지기에 접해있으니 원컨대 지기가 크게 내림이 되게 해 주십시오[至氣今至願爲大降]"라는 8자에서 '지기至氣'에 대한 의미 분석이 선행될 필요가 있다.

지기의 의미 분석

'지기'란 무엇인가? 수운은 "지라는 것은 지극하다는 것을 이르는 것이니, 지기는 허령창창하여 간섭하지 않는 일이 없고, 명령하지 않는 일이 없는 것이다. 형체가 있는 것 같으나 어떤 상태인지를 형상하기 어렵고, 듣는 것 같으나 보기가 어려우니 이것이 혼원한 하나의 기운이다."[96]라고 정의한다. 이는 기존의 형이상학

---

96 "至者 極焉之爲, 至氣者 虛靈蒼蒼 無事不涉 無事不命. 然而如形而難狀 如

적 체계에서는 찾아보기 어려운 독특한 정의라고 볼 수 있을 것이다.

필자는 '지기'에 대한 수운의 정의를 다섯 가지 관점, 즉 ① '지至', ② '허령창창虛靈蒼蒼', ③ '무사불섭無事不涉 무사불명無事不命', ④ '연이여형이난상然而如形而難狀 여문이난견如聞而難見', ⑤ '시혼원지일기是渾元之一氣'로 구분하여 각각 그 의미하는 바를 검토해 보고, 이를 종합하여 그 핵심 뜻을 제시해볼 것이다.

①에서 '지'란 '지극至極하다'는 뜻이다. 이는 지기가 모든 창조변화의 전체요 근원임을 나타내기 위한 뜻으로 쓰였을 것이다. 왜냐하면 지극이란 '더 이상 가늠할 수 없는, 상위의 근원이 없는 궁극'을 뜻하기 때문이다. 즉 원인에 원인을 추적하여 소급해 올라가면 더 이상 소급할 수 없는 최초, 더 이상의 근거를 요할 수 없는 궁극의 근원을 표시하기 위한 개념이라는 얘기다. 이는 결국 지기의 존재 위격位格을 나타내기 위한 방편으로 보인다.

우리가 창조변화와의 근원에 근원을 추적하여 소급해 보면, 결국은 인간의 이성으로는 도저히 파악될 수 없는 불연不然에 도달하게 마련이다. 불연의 경계에 이른 정점은 '지'가 갖는 의미이고, 여기에서 무언가를 최초의 근원으로 설정해야만 하는데, 지극의 대상은 바로 수운이 제시한 '지기至氣'라는 것이다. 수운의 우주

聞而難見. 是亦渾元之一氣."(『東經大全』「論學文」)

론적 사고의 틀에서 본다면, 지기는 무형의 조물주가 운용하는, 만유 생명의 창조변화에 용사用事되는 근원이라 할 수 있다. 왜냐 하면 무형의 조물주는 지기를 활용하여 만유의 존재를 이끌어내 기 때문이다.

서양 형이상학의 전통에서는 볼 때 지극은 곧 '아르케arche'를 말하는 것과 같다. 동양의 성리학자들은 지극의 의미에서 우주만 물의 궁극의 존재 근거로 본체를 설정하기도 한다. 주렴계가 "무 극이태극無極而太極"이라고 할 때의 '태극太極'의 경계에 해당한 다. 나아가 주기론자가 제시한 물리적인 존재의 극으로 기를 설정 할 때의 그 경계를 지칭하는 것과도 유사하다.

②에서 '허령창창虛靈蒼蒼'이란 우주 전체가 허령으로 꽉 차 있 다는 뜻이다. 이는 지기에 대한 본성을 규정하는 핵심 의미가 내 포되어 있다. 수운은 앞서 분석했던 무형의 조물주에 대한 포괄 적인 본성을 여기에서 '허령창창'으로 규정하고 있는 것이다. 이 는 바로 천지만물을 짓는 조화지적의 본체를 나타내는 용어라고 할 수 있다.

그럼 '허령虛靈'이란 어떤 의미를 포함하고 있는가를 말해보 자. 허령은 '허'와 '령'의 결합으로 복합적인 뜻을 함의하고 있다. 우선 '허虛'란 '태허太虛'의 의미와 같다. 태허란 아주 없는 무無가 아니라 아무런 형체를 갖지 않는, 하지만 '진공묘유眞空妙有'의 상태로서 천지간에 전일적全一的으로 가득 차 있는 천지기운을 뜻한다. 서화담의 말을 빌어서 표현하면, "허란 곧 기의 모습"이고, 태허太虛는 "기가 가득 차서 빈틈이 없는 상태"이며, "터럭 하나 용납할 수 없이 가득 찬 상태"[97] 를 지칭한다. 주기론적인 입장에서 본다면, 천지만물이 구체화되어 나오는 근원이 된다는 의미에서 근원의 기[元氣]라 할 수 있다. 아리스토텔레스의 형이상학적인 의미에서 말해본다면, 자체로는 무엇으로도 규정되어 있지 않으나 장차 그 어떤 것으로 규정되어 구체화될 수 있는 상태의 역동적인 질료matter로 이해할 수도 있고, 물리적인 차원에서 말해본다면 우주 전체에 편만해 있는 에너지와 같은 일종의 '힘(에너지)'으로 이해할 수도 있다.

'령靈'이란 모든 생명의 존재 근원으로 정신적인 의미의 '신령神靈'함을 뜻한다. 신령함이란 용어는 원초성을 강조하여 달리 표현하면 근원의 신, 즉 '원신元神'이라 할 수 있다. 원신은 우주 전체에 충만하게 깃들어 '일신一神'으로 말할 수 있으며, 어디에나 침투해 들어가 생명의 창조와 변화를 일으키는 작용의 발원發源으로도 규정할 수 있다. 이와 관련하여 동방 한민족의 도가 사서인『환단고기桓檀古記』에서는 "주체는 일신이지만, 각기 따로 있는 개별적인 신이 아니나 작용으로 본 즉 삼신이다. 삼신은 만물의

---

97 표영삼,『수운의 삶과 생각, 동학 1』, 118쪽 재인용.

창조변화를 이끌어 낸다."[98]고 기록하고 있다. 『도전』에서는 "천지간에 가득 찬 것이 신神이니 풀잎 하나라도 신이 떠나면 마르고, 흙 바른 벽이라도 신이 떠나면 무너지고, 손톱 밑에 가시 하나 드는 것도 신이 들어서 되느니라. 신이 없는 곳이 없고, 신이 하지 않는 일이 없느니라."(『도전』 4:62:4-6)라고 하여 창조변화의 근원을 신으로 규정되고 있다.

결과적으로 태허와 신령으로 분석되는 '허령'은 '신과 기'가 융합되어 있는 상태를 지칭한다. 신과 기는 근원의 의미를 강조하여 말한다면 '원기'와 '원신'으로 표현될 수 있다. 그럼에도 '신기神氣'는, 음양이 짝으로 있는 것처럼, 따로 분리되어 각기 존재하는 것이 아니다. 즉 "신神은 기氣를 떠날 수 없고, 기 또한 신을 떠날 수 없다."[99]는 것이 그 뜻이다. 이를 현상의 관점에서 말해본다면 정신적인 측면과 물질적인 측면의 관계로 표현해 볼 수도 있다. 사실 정신과 물리란 한 몸체의 두 측면이라고 할 수 있듯이, 신과 기는 하나의 두 측면이 되는 셈이다.

그러므로 허령은 우주 전역에 꽉 들어차 있는 신기神氣[원신元神과 원기元氣]의 다른 표현이고, 곧 무형의 조물주에 대한 포괄

---

98 "主體則爲一神 非各有神也, 作用則三神也, 三神有引出萬物."(안경전 역주, 『환단고기』 「三神五帝本紀」, 300쪽.)

99 "神不離氣하고 氣不離神하나니."(안경전 역주, 『환단고기』 「檀君世紀序」, 86쪽.)

적인 본성의 규정되는 것이다. 무형의 조물주에 근거한 신령은 만물의 창조변화를 이끌어가는 형상이 없는 생명의 신이요, 그 기운은 천지만물로 구체화되어 드러나는 힘의 원천으로 일종의 천지기운이 되는 셈이다. 즉 천지만물이 창조변화로 드러날 때 작용의 주체는 신령(원신)이고, 객체화되어 구체적으로 드러내는 것은 태허(원기)가 되는 것이다. 따라서 만유는 생명의 신기가 깃들어 존재하게 되고, 신과 기가 분리된다면 이는 곧 죽은 것이며, 결국 각기 흩어져 구체적인 형태로 존재할 수 없게 된다. 이러한 의미에서 신령은 태허를 수단으로 하여 만유의 생명을 일으킴으로써 자신의 정체성을 가지며, 태허는 신령을 통해 만유의 생명으로 구체화되어 현실성을 드러낸다고 말할 수 있다.

'창창蒼蒼'이란 숲이 푸르고 무성하게 자라고 늙어가는 모습을 뜻한다. 즉 창창은 허령한 지기의 작용으로 인해 개별적인 만유생명이 우주 전체에 역동적으로 창조변화되는 과정을 지칭한다고 볼 수 있겠다. 우주만유는 무형의 조물주에 근거한 기와 신의 묘합妙合으로 드러나는 것이다. 달리 표현하자면 우주만물은 무형의 조물주에 근거해서 음양동정의 법도에 따라 천지기운이 작용하여 창조변화되어 가는 모습이다. 여기에서 음양기운의 작용을 이끌어 가는 주체는 '기氣 자체'가 아니라 '신神'이다. 즉 음양동정으로 운용되는 기에는 항상 신이 따르고, 신이 주체가 되어 음양의 기운이 조화롭게 작용하게 하는 것이다. 이러한 신과 기의 묘합으로 만유생명의 창조변화가 이루어지는데, 그 흔적을 수운은 '조화지적造化之迹'이라고 표현한 것이다.

③에서 '무사불섭無事不涉 무사불명無事不命'이란 무형의 조물주에 근거한 '지기'가 모든 일[事]에 전적으로 간섭하고 명령함을 표현한 뜻이다. 여기에서 '사事'란 정신적인 것이든 물리적인 것이든 온갖 종류의 개별적인 사태事態를 지칭하기 때문에, 무사불섭 무사불명이란 '지기'가 천지만물의 창조변화에 간섭하고 명령하지 않음이 없다는 뜻으로 해석된다.

'지기'가 모든 일에 대해 '간섭'과 '명령'을 하는 것이라면, 그것은 ②에서 말한 '허령'을 본성으로 한다. 허령은 어떤 의미에서 간섭과 명령을 하게 되는 것일까? 이에 대한 이해를 돕기 위해서 한민족의 역사경전『환단고기』의 내용을 끌어들일 필요가 있다. 즉 지기의 본성인 허령은 천지 기운인 태허[일기一氣]와 생명의 주체인 신령[삼신三神]으로 분석되는데, 그 신령은 전일적인 일신이나 그 작용으로 보면 삼신(세 가지 본성)으로 나타난다. 달리 표현하면 "무릇 생명이 되는 본체는 일기이니 일기는 그 안에 삼신을 포함하며, 모든 지혜의 근원 또한 삼신이니 삼신은 밖으로 일기를 감싸고 있다."[100] 그렇기 때문에 일기와 융합된 삼신은 기를 운용하

---

100 "夫爲生也者之體는 是一氣也니 一氣者는 內有三神也오 智之源은 亦在三神也니 三神者는 外包一氣也라."(안경전 역주,『환단고기』「蘇塗經典本訓」, 526쪽.)

여 생명의 창조創造, 성육成育, 목적目的으로 이끌게 되는 것이다. 즉 삼신의 창조성은 형상形象을 짓는 것이고, 성육성은 태허로 표현되는 천지기운을 동원하여 이법을 실현하는 것이며, 목적성은 기운의 과불급을 조절하여 일정한 질서를 유지하면서 목적의 실현으로 이끌어간다는 뜻이다. 동방 한민족은 신의 이러한 조화 작용을 삼신론으로 표현해서 조화, 교화, 치화의 신으로 말하고 있다.[101]

구체적인 예를 취해보자. 사람은 지기를 받아서 사람으로 태어나 성장하게 되는데, 이는 어떻게 해서 그렇게 되는 것인가? 맨 먼저 지기를 타고 들어온 신령이 부모에서 제공된 유전 정보를 파악하고, 정보에 따라 '천지기운'(태허)을 끌어 들여 생명체를 형성하면서 성장하게 된다. 앞서 말한 조화의 신이 개별적인 사람의 존재이법(정보)을 파악하고, 교화의 신이 이법의 실현에 적합한 에너지(천지 음양기운)를 끌어 들여 조직화하면서(태아의 성장 발육) 영적인 깨달음으로 발육시키고, 그리고 치화의 신이 창조의 목적(인간으로서의 존재가치 목적)에 도달할 수 있도록 내적으로는 생명의 자기 조직을 질서 있고 균형 있게 조절하고 외부적으로는 타자와의 관계 속에서 최선의 목적에 이를 수 있도록 이끌어 가게 된다.

그러므로 생명체의 활동은 신과 기의 묘합 작용이다. 즉 사람

---

101 안경전 역주,『환단고기』「蘇塗經典本訓」, 523쪽 참조.

의 몸 안에는 항상 내재적인 원신의 신령함[內有神靈]이 깃들어 있고, 밖으로는 기화의 작용[外有氣化]이 일어나게 되는 것이다. 그것은 생명체 안에는 모두 신이 들어가 작용하고, 이것의 활동에 의해 개별적인 생명의 형성화 작업(생명체의 자기조직)이 일어나기 때문이다. 만일 생명체에서 활동하는 지기(태허+신령)가 본연을 회복하여 왕성하게 일어나게 된다면, 이 상태를 수운은 "기화지신氣化之神"이라는 용어로 표현하게 됐던 것이다. 이러한 의미에서 간섭과 명령의 주체는 내재적인 신령이고 그 작용으로 드러난 것은 태허(기)의 운동모습으로 볼 수 있는 것이다.

④에서 '연이여형이난상然而如形而難狀 여문이난견如聞而難見'이란 신과 기의 묘합 작용(지기의 활동)을 우리의 감각 지각으로는 전혀 알 수 없다는 점을 표현한 뜻이다. 이 사실은 ①과 ②와 ③의 분석을 종합해 보면 쉽게 이해된다. 생동하는 천지만물의 모든 창조변화는 지기의 작용으로 이루어지는데, 지기 자체는 무형의 조물주에 근거한 허령을 본성으로 한다. 그러므로 지기는 천지에 가득 차 있어서 모든 창조변화의 근원이 되지만, 우리가 볼 수도 없고 들을 수도 없기 때문에 들을 수도 볼 수도 없는, 다만 신묘神妙하다고 묘사할 뿐이다.

⑤ '시혼원지일기是渾元之一氣'는 글자 드대로 '혼융된 근원이 하나의 기운'이다. 여기에서 '혼융된 근원[渾元]'이란 ②에서 밝

혀진 바와 같이 '원기元氣'와 '원신元神'의 융합을 뜻하는데, 수운은 이것을 통섭하여 '일기一氣'라고 표현한 것이다. 지기는 융합의 의미에서 보자면 "신은 기요 기는 허이며 허는 곧 일기"[102]라고 말하는 '일기'인 것이다. 이는 앞서 말한 "무릇 생명이 되는 본체는 일기이니 일기는 그 안에 삼신을 포함하며, 모든 지혜의 근원 또한 삼신이니 삼신은 밖으로 일기를 감싸고 있다."고 한 것과 맥이 상통한다. 따라서 수운의 '지기'는 본체로 보면 우주 전역에 깃들어 있는 허령창창한 일기 이지만, 그 작용으로 보면 삼신이 바로 그 주체가 됨을 알 수 있다.

그러므로 수운의 지기는 천지기운과 신이 혼융된 것이며, 천지 만물의 모든 창조변화란 전적으로 천지에 편만해 있는 신과 기의 묘합妙合작용에 의한 것으로 보인다. 물론 신과 기는 각기 서로 독자적으로 존재하는 것이 아니며, 기의 움직임에는 항상 신이 타고 있어 신이 주체가 되어 이끌어가게 된다. 그래서 천지 안에 있는 모든 개별적인 생명체는 나름대로 자기조직을 하면서 상이하게 창조 변화되고 있는데, 이것은 모두 전일적인 '일신 즉 일기'가 각기 다른 방식으로 운동되어 드러난 것으로 볼 수 있는 것이다.

---

102 "神卽氣也 氣卽虛也 虛卽一也."(안경전 역주, 『환단고기』 「蘇塗經典本訓」, 522쪽.)

지기의 존재론적 특성

수운이 제시한 지기는 천지간에 가득하다는 의미에서 모든 개별적인 생명체의 창조변화를 이루는 근원이 되는 것이다. 그러한 지기는 ②에서 보듯이 단순히 물리적인 근원으로서의 순수한 '기'만을 의미하는 것이 아니라 정신적인 근원으로서의 '신령'을 포함한다. 즉 지기의 '기' 중심에는 반드시 신이 자리하고 있다.

신은 근원으로 보면 일신이지만, 그 작용으로 보면 삼신의 의미를 갖는다. 삼신은 각기 세 손길로 작용하는데, 조화의 신은 개별적 생명의 창조이법의 근거가 되고, 교화의 신은 이법을 실현하는 성육의 근거가 되며, 치화의 신은 목적으로 이끄는 주재의 근거가 된다. 그래서 수운이 말하는 지기의 존재론적 특성은 천지간에 편만해 있는 물리적 에너지와 같은 '기', 그리고 '기'를 운용하여 생명의 창조를 이끌어 내는 '신'으로 규정해볼 수 있다. 즉 신과 기의 특성이 혼융된 것이 수운이 제시한 지기이며, 이는 곧 ⑤에서 보듯이 '혼원의 일기'로 정의되고 있다.

혼원의 일기로 정의되는 수운의 지기의 관념은 먼저 동양의 전통적인 형이상학에서 전제된 기화론氣化論의 우주관을 수용할 수 있음을 지적할 수 있다. 또한 신의 특성을 포함하는 지기 관념은 서양의 창조신관에서 빚어지는 아포리아aporia를 해결할 수 있게 된다. 이런 의미에서 본다면 수운의 지기론은 형이상학적 우주론과 창조론을 통섭하고 있다고 본다. 이러한 주장은 어떤 의미에서 가능하다고 볼 수 있는지를 지적해 보자.

첫째, 수운이 말한 지기는 원기元氣의 의미를 포함하는데, 그것은 단순히 '우주적인 질료Universal matter'의 의미라기보다는 자체로는 아무런 형체도 없는 무無와 같다는 의미에서 태허太虛이고, 이는 곧 천지만물을 구성하는 근원의 바탕이라는 의미로 규정될 수 있다. 바탕으로서의 원기는 우주 전체를 두루 관통하고 있어서 언제 어디에나 없는 곳이 없고, 이로부터 모든 개별적인 창조변화에 필수적으로 관여한다는 의미에서 천지만물이 창조 변화되는 근원의 실재성을 갖는다고 할 수 있다. 이러한 입장은 지기가 동양 성리학의 주기론主氣論의 사유를 일부 수용하고 있음을 시사하고 있다.

주기론에 의하면 천지만물이 창조변화되는 근원은 '기氣'이다. 대표적으로 북송北宋의 성리학자 장횡거張橫渠(1020~1077)가 이에 속하는데, 그는 기의 본체를 '태허太虛'라 규정하고, 그 작용으로 기의 이합집산離合集散이 일어남으로써 천지만물이 창조 변화한다고 본다. 그래서 그의 사상은 '기일원론氣一元論'적 형이상학의 입장이다. 이러한 사상의 노선은 정명도程明道에 계승되고, 명대明代에 이르러 육왕학파陸王學派(육구연陸九淵, 왕양명王陽明)로 이어져 조선으로 유입된다. 이후 조선에서는 기대승奇大升(1527~1572)을 중심으로 하는 주기론적 사상이 전개되는데, 이언적과 서경덕徐敬德이 이 진영에 속한다. 그들은 천지만물의 생성변화의 근거를 무형의 태허를 바탕으로 하는 일기의 취산작용聚散作用으로 본 것이다. 특히 화담 서경덕은 주기론적 입장에서 기를 떠나 리가 객관적으로 실재할 수 없다는 "기외무리설氣外無理說"을 제창하기도 한다.

둘째, 지기의 운용은 음양 동정의 굴신작용屈伸作用을 포함한다. 천주의 지기가 음양동정에 따라 운용되어 천지만물이 성쇠盛衰로 나타나게 되는 것이다. 그래서 수운은 "음양이 서로 어울려 고르게 퍼짐에 따라 수백 수천 가지 만물이 그 가운데에서 화해 나온다."[103]고 했던 것이다.

셋째, 지기 관념은 전통적인 오행론五行論을 포함한다. 수운은 "그런 까닭에 삼재의 이치가 정해지고 오행의 수가 나온다. 오행은 무엇인가? 하늘은 오행五行의 벼리[綱]이고 땅은 오행의 형질[質]이며 사람은 오행의 영기[氣]이니, 천지인 삼재三才의 수를 여기에서 가히 볼 수 있다."[104] 라고 말한다. 즉 지기의 펼쳐짐은 오행의 원리로 파악된다는 것이다.

여기에서 오행五行은 하늘의 이치를 근본으로 하여 나온 5 가지

---

103 "陰陽相均, 雖百千萬物 化出於其中."(『東經大全』「論學文」)

104 "故定三才之理 出五行之數. 五行者 何也. 天爲五行之綱, 地爲五行之質, 人爲五行之氣, 天地人三才之數 於斯 可見矣."(『東經大全』「論學文」)

법칙으로("天爲五行之綱"), 만물을 형성하는 다섯 가지 기운, 즉 목木, 화火, 토土, 금金, 수水의 기운이다. 땅은 하늘을 본받아 오행의 형질을 만드는 바탕이 된다("地爲五行之質"). 그것은 땅에서 모든 형체가 이루어지기 때문이다. 사람은 오행의 신령한 기운을 두루 갖춘 가장 영험한 존재가 된다("人爲五行之氣"). 결국 천주의 지기는 삼재론과 오행론의 현상론적인 근거가 될 수 있는 것이다.

넷째, 지기는 범신론汎神論의 입장을 수용한다. 수운의 지기는 우주 전체를 관통해 어디에나 편만해 있는 "허령창창"한 무형의 신기神氣이다. 앞서 분석했듯이, 이는 만유의 창조변화가 나오는 힘의 원천으로서의 원기元氣와 그러한 원기를 운용하여 만유의 생명을 이끌어가는 주체로서의 원신元神으로 구분되기 때문이다. 달리 표현하자면 신과 기는 일체관계이지만, 굴신동정으로 작용하는 원기의 창조변화기운과 그 안에 내재해 있으면서 만물을 이끌어내는[유인출만물有引出萬物] 원신이 있다는 얘기다. 따라서 우리는 만유의 창조변화란 모두 신에 의한 기의 운용으로 빚어지는 현상으로 파악할 수 있는 것이다.

2) 천주의 지기

수운 자신은 구도의 수행을 통해 지극한 경계에 이르게 됐고, 이로써 부지불식간에 형언할 수 없는 대강령의 체험을 하게 됐음을 지적한 바 있다. 이 체험은 그가 지극한 기운에 접하게 되어 자신의 몸에 기화지신氣化之神의 작용이 일어나게 됐음을 의미한다. 즉 그는 외부적으로는 지극한 기운으로 말미암아 몸의 떨림과 같은 이상 징후가 발생하고, 내부적으로는 일종의 영적인 비약 같은 것을 자각하게 된 것이다. 이는 지기와 혼연일체가 된 상태에 이른 것이고, 지기를 통해 천주가 내려주는 대도의 말씀을 들을 수 있으며, 이를 깨달아 지기를 체화體化하게 되면 곧 도성덕립의 인간으로 거듭날 수 있음을 말해준다.

문제는 지기가 어디에서 비롯하는 것인가 하는 물음이다. 이는 지기의 소자출에 관한 것이다. 여기에서 지기는 '천주의 지기'이지 그 이상도 그 이하도 아니라는 것이 필자의 입장이다. '천주의 지기'에서 '…의'란 '지기가 천주에 속한다'는 뜻을 의미할 수도 있고, '천주가 지기를 운용한다'는 뜻을 의미할 수도 있다. 전자의 경우는 지기와 천주가 종속의 관계임을 뜻한다. 후자의 경우 또한 조화의 자취[造化之迹]가 만사만물이고, 모두 무형의 조물주가 지기를 운용하여 역사役事하게 된 현상이라는 의미에서 본다면, 천주와 지기는 종속의 관계가 된다는 뜻을 함유한다.

필자는 '천주의 지기'에서, 주체는 천주이고 지기란 천주가 운용하는 속성이라는 입장에서 논의해볼 것이다. 이 주장이 합리적이라는 사실은 강령주문("지기금지원위대강至氣今至願爲大降")

의 '금지금至', '원위願爲', '대강大降'에 뜻을 파악하여 그 목적하는 바를 종합해 볼 때 보다 분명히 밝혀질 수 있다.

수운은 '지기'를 제외한 나머지 글자에 대하여 "금지라는 것은 도에 들게 되어 지극한 기운에 접함을 알게 되었다는 것이고, 원위라는 것은 청하여 빈다는 뜻이며, 대강이란 것은 (무한한 지기가 크게 내려 그것과 혼연일체가 됨으로써) 기화氣化의 작용이 일어남을 원한다."[105]는 뜻이라고 해설을 덧붙였다. 여기에서 천주와 지기는 종속관계, 즉 천주는 지기의 소유주라는 것을 추론해낼 수 있다. 왜냐하면 지기가 크게 내리게 되도록 '청하여 빈다' 혹은 '원한다'는 뜻은 바로 조물주로서의 천주에게 말한 것이지, 지기에게 말한 것이 아니기 때문이다. 따라서 천주의 속성으로 자리매김 되는 지기는 천지간에 어디에나 빈틈없이 들어 차 있는데, 천주로부터 그러한 지기를 받음으로써 인간은 기화의 작용이 일어나 천주의 성령에 통하게 되고, 이를 통해 천주와의 직접적인 소통이 가능하게 되는 것이다.

따라서 수운이 제시한 강령주문의 지기는 천주를 떠나서 독자적으로 자유롭게 작용하는 것이 아니라 무형의 조물주인 천주에 의해 운용되는 것, 즉 '천주의 지기'임이 분명하다. 그러나 수운 사후 동학 연구자들은 천주와 지기의 관계를 다양한 각도에서 파

---

105 "今至者 於斯入道, 知其氣接者也. 願爲者 請祝之意也, 大降者 氣化之願也."(『東經大全』 「論學文」)

악하기 시작했고, 천주를 또한 달리 인식하려는 경향이 많았던 것으로 보였으며, 이로 인해 절대적인 신앙의 대상으로서의 천주를 왜곡하기도 하였다. 그 이유는 천주와 지기의 존재론적 지위를 어떻게 설정하느냐에 따라 해석의 관점을 달리할 수도 있기 때문이다. 필자는 이점을 바로잡기 위한 일환으로 천주와 지기의 존재론적 관계를 비판적인 시각에서 좀 더 세밀하게 검토해 보고, 지기는 곧 '천주의 지기'여야 한다는 점을 제시해 볼 것이다.

천주와 지기의 관계를 파악함에 있어서 비판적으로 상정해볼 수 있는 입장은, ① 지기와 천주가 대등한 존재로서 서로 양립한다는 견해, ② 양자가 동일한 실재의 두 표현(동연개념)이라는 입장, 그리고 ③ 인격적 천주 관념을 사상하고 천주를 내재적인 지기의 의인화된 천주로 보려는 경향이다.

① 천주와 지기는 서로 대등하게 양립하는가

천주와 지기는 독자적으로 대등하게 '양립한다'는 주장이 제기될 수 있다. 이 논의는 세 관점에서 검토하여 수운의 입장이 아님을 지적할 수 있다. 첫째로 천주와 지기가 동일 선상에서 양립한다는 입장, 둘째로 천주는 초월자로서 지기는 내재자로서 양립한다는 입장, 셋째로 천주는 내재자로서 지기는 초월자로서 양립한다는 입장이다.

첫째는 근원으로 볼 때 지존무상의 천주와 지기가 각기 다르게 실재하게 됨을 뜻할 수 있다. 즉 천주 따로, 지기 따로 실재한다는 입장이 그것이다. 이는 곧 이원론二元論적인 신앙관이 성립하게 됨을 함축한다. 이러한 입장은 수운이 말한 절대자에 대한 신앙의 체계에서 결코 허용될 수 없는 일이다. 앞서 밝혔듯이, 우주 안에서 일어나는 모든 것은 전적으로 "천주의 조화섭리"에 의한 것이라고 주장한 수운의 천주관에 근본적으로 벗어나 있다는 얘기다.

둘째는 초월적으로 실재하는 천주와 내재하여 천지만물의 창조변화에 역사하는 지기가 대등하게 양립한다는 입장이다. 만일 지존무상의 상제가 우주세계와 단절하여 천상에 독존하는 것이라면, 이는 수운에게 나타나 직접 대면하여 천명을 내린 천주, 즉 「포덕문」의 "두려워하지 마라 무서워하지 마라 세상 사람들이 나를 상제라 하거늘 너는 상제를 모르느냐[勿懼勿恐, 世人謂我上帝 汝不知, 上帝耶.]"라고 말한 천주는 허구라는 얘기가 된다.

세 번째는 지기를 초월적인 실재로, 천주를 내재적인 실재로 보아 양립한다는 입장이다. 이는 「논학문」에서 서학의 천주가 "기화지신氣化之神이 없다"고 강하게 비판한 사실, 즉 만유의 생명체는 지기에 근거해서 밖으로는 기화의 작용이 있고 안으로는 신령함이 있다는 수운 자신의 사상적 토대를 벗어나게 된다.

그러므로 절대자 천주와 지기는 서로 대등하게 양립하는 관계가 아니라 종속의 관계여야 할 것이다. 한마디로 말해서 지기는 천주의 지기이지 그 역은 아니라는 얘기다.

② 천주와 지기는 동일한 실재의 두 표현이라는 견해

이 주장은 '인격적 상제로서의 천주란 없다'는 전제를 암암리에 깔고서 내재적인 천주, 즉 지기와 천주를 동일 선상에서 이해하는 입장이다. 이 노선을 지지할 수 있는 결정적인 논거는, 수운 자신이 저술한 「도덕가」의 "천상天上에 상제上帝님이 옥경대玉京臺 계시다고 보는듯이 말을하니, 음양이치陰陽理致 고사枯死하고 허무지설虛無之說 아닐런가."는 초월적인 인격적 상제가 없다는 뜻으로 해석하는 것이다. 보충적인 논거로 「교훈가」의 "나는도시 믿지말고 한울님만 믿었어라. 네몸에 모셨으니 사근취원捨近取遠 하단말가", 「논학문論學文」의 "내 마음이 곧 네 마음이니라. 사람이 이를 어찌 알리오. 천지는 알아도 귀신은 모르니, 귀신이란 것도 나(천주)이니라."[106] 를 들 수 있을 것이다.

이 입장을 고수하는 자들의 논거에 의할 것 같으면, 만일 천주가 우주만물의 창조변화와는 아무런 관계없이 세계를 초월하여 천상 옥경대에만 계신다면, 이는 서교의 유일신관과 같은 허무지설의 신앙관으로 흐르게 된다고 수운 자신이 앞서 강하게 비판한

---

106 "吾心卽汝心也, 人何知之. 知天地而無知鬼神, 鬼神者吾也."(『東經大全』 「論學文」)

점이 강조되고 있다. 그래서 그들은 초월적인 상제 관념을 버리고 [107], 내재적인 천주만을 내세우게 된다. 그 결과 천주와 지기를 동일한 실재의 두 표현으로 이해하게 되고, 결국 내재적인 천주가 스스로 작용하여 천지만물의 창조와 변화의 근거가 된다는 주장이다. 이러한 입장은 앞서 분석한 주재자로서의 인격적 상제관념을 버리고 무형의 조물주로서의 천주만을 인정하는 것으로 볼 수 있다.

무형의 조물주는 내재적인 천주요, 곧 지기로 간주될 수 있는 근거가 있다. 이는 수운이 "귀신이란 것도 나니라"고 말한 것에서 확인할 수 있다. 즉 천지에 내재적인 지기는 "내유신령"과 "외유기화"의 원천으로 규정되고 있고, 음양의 굴신동정屈伸動靜으로 만유생명의 창조변화가 일어나게 되는데, 여기에서 음양의 굴신동정은 바로 '귀신'[108]의 작용이고, 그것은 바로 내재적인 천주가 된다는 것이다. 한마디로 말해서 삼라만상은 모두 안으로는 신령이요 밖으로는 기화이며, 천주(지기)를 떠나 사람의 신령이 따로

---

107 이에 대하여 표영삼은 상제를 부정하고, 내재적인 천주만을 인정하면서 '초감성적인 세계에 설정한 이 상제의 관념을 천상에 계시지 않는다며 허무지 설로 돌려버렸다.'(표영삼, 『수운의 삶과 동학 1』, 110–111쪽 참조.)

108 정자程子는 "귀신은 천지의 공용이요 조화의 자취다[鬼神 天地之功用 而造化之迹也]"라고 했다. 여기에서 "귀鬼라는 것은 음의 영이요 신神이라는 것은 양의 영이며, 일기로 말해 보면, 이르러 펴짐은 신이고 반대로 돌아가은 귀이니 그 실제는 한 물건일 뿐이다.[鬼者陰之靈也, 神者陽之靈也, 以一氣言 則至而伸者爲神, 反而歸者爲鬼 其實一物而已.]"(『中庸』16장 참조.)

없고 천주의 기화를 떠나 사람의 기화가 따로 없다는 의미에서 천인일체天人一體라는 입장이다. 이런 논리를 바탕에 깔고서 후기 동학 연구자들은 해월海月 최시형의 "양천주"사상의 연구에 집중하게 될 수밖에 없었을 것이고[109], 급기야는 의암義菴 손병희의 "인내천"사상으로까지 전개 될 수밖에 없었던 것이다.

그러나 "귀신이란 것도 나니라."고 말한 뜻을 달리 해석해야 마땅하다. 『중용』에는 "귀신이란 형체도 소리도 없으나, 사물의 시작과 종말은 음양이 합하고 흩어짐의 소위가 아님이 없으니, 이는 (귀신이) 그 사물의 본체가 되어 사물이 능히 (귀신을) 빠뜨릴 수 없는 것이다."[110]라고 했다. 이에 근거하여 본다면 지기의 음양동정에 의해 만유의 생명이 창조변화되는 것이며, 지기의 본체는 무형의 조물주에 근거한 것이라고 말할 수 있다. 그렇다면 음양동정으로 이합집산되는 지기와 그 본체가 되는 무형의 조물주와는 동

---

109 해월은 『海月神師法說』「靈符呪文」에서, "안에 신령이 있다함은 처음 세상에 태어날 때의 어린 마음을 말하는 것이요, 밖에 氣化가 있다 함은 胞胎할 때에 理致氣運이 바탕에 응하여 體를 이루은 것이다[內有神靈者 落地初亦子之心也, 外有氣化者 胞胎時 理氣應質而成體也.] 그러므로 밖으로 접령하는 기운이 있고 안으로 강화의 가르침이 있다는 것과 지기금지원위대강이라 한 것이 이것이니라."라고 기술한다. 여기에서 해월은 '내유신령'은 출생과 함께 성립되고, '외유기화'는 포태할 때 천지간에 꽉 차 있는 천주의 기운, 즉 지기의 조화로 이치와 기운이 엉기어 생명의 몸을 이루기 시작하는 데서 성립된다는 주장이다. 이로부터 사람은 누구나 자신 안에 천주를 모시고 있는 셈이된다.

110 "鬼神無形與聲, 然, 物之終始 莫非陰陽合算之所爲, 是其爲物之體而物之所不能遺也."(『中庸』16장구 주해.)

일한 존재가 될 수 없다. 왜냐하면 지기는 움직여지는 대상이고, 무형의 조물주는 지기를 움직이게 하는 주체이기 때문이다. 음양 동정의 본체는 무형의 조물주로서의 천주에 근거한다고 할 수 있으나, 이것의 실체는 곧 유형의 주재자로서의 천주가 되는 것이다.

그러므로 천주와 지기가 동일한 존재일 수 없다는 입장이 강하게 대두될 수 있는 것이다. 천주가 지기라면, 천주는 상제요 곧 지기가 된다는 것인데, 이는 수운이 드러내고자 한 절대적인 인격적 상제관에서 상당히 벗어나게 되기 때문이다. 「안심가」의 "공중空中에서 외는 소리 물구물공勿懼勿恐 하였어라. 호천금궐昊天金闕 상제上帝님을 네가 어찌 알까보냐.", 「용담가」의 "한울님 하신말씀 개벽후開闢後 오만년五萬年에 네가 또한 첨이로다. 나도 또한 개벽이후 노이무공勞而無功 하다가서 너를 만나 성공하니.", 「포덕문布德文」의 "나 역시 공이 없는 까닭으로 세상에 너를 태어나게 하여 이 법으로 사람을 가르치게 하니 의심하지 말고 의심하지 말라."[111] 등은 이를 충분히 뒷받침 해주고 있다.

절대적인 천주는 상제이고, 상제는 지존의 인격신이며, 인격적인 상제로부터 수운은 천명을 받게 됐던 것이다. 즉 "호천금궐昊天金闕 상제上帝님", "개벽이후 노이무공勞而無功", "이 법으로 사람을 가르치게 하니" 등은 인격적인 상제를 증명하는 핵심이 되고

---

111 "余亦無功, 故生汝世間 敎人此法, 勿疑勿疑."(『東經大全』「布德文」)

있다. 앞으로 논의가 되겠지만, 인격적인 상제는 천상에 계시면서 오만 년 전에 하늘과 땅을 개벽하고, 천지만물의 창조변화와 그 운행을 무위이화로 주재하여 다스려 왔었지만, 사실 세상에 신교의 맥이 단절되었기 때문에 세상 사람들이 상제의 실존을 모르고 있어서 아무런 공적이 없었다는 것이다. 그래서 상제는 자신의 실존을 알리도록 천명으로써 수운을 세상에 내보냈다.

인격적 주재자로서의 상제는 수운이 말한 천주임이 분명하다. 천주로부터 수운이 받은 사명이란 호천금궐에 주재자로서의 상제가 실존한다는 것, 이제 오만 년의 운運이 다하고 새 세상의 성운이 열리는 다시개벽이 있게 된다는 것, 쇠운의 정점에서 다시개벽으로 전환되는 시점에는 3년 괴질怪疾이 창궐하여 인류의 생명을 앗아간다는 것, 그렇기 때문에 세상 사람들 모두가 수운을 통해 전해지는 천주의 대도를 깨달고 천주를 지극히 위함으로써 다시개벽기에 도성덕립의 새 인간으로 거듭나야 함을 핵심으로 한다. 요행이도 수운은 천주를 친견하여 직접 천명을 받아 세상에 전하게 되니 천주도 성공하고 수운 또한 성공하게 된다는 것이다.

이상에서 본 바와 같이, 천주와 지기의 관계 정립에 대하여 대립된 두 노선이 화합할 수 있는 방안은 확실하다. 그것은 앞서 말한 절대적인 천주의 '조화섭리'를 무형의 조물주와 유형의 인격적 주재자(상제)로 정의하는 것이다. 이 논리에 근거해서 본다면,

우주만물에 내재하는 지기는 곧 무형의 조물주가 운용하는 것으로, 천주의 조화가 펼쳐지는 무한한 속성으로서의 존재론적인 위치를 확보할 수 있다. 반면에 유형의 주재자로서의 천주(상제)는 절대적인 신앙의 대상이 되고, 천주가 지기를 운용하여 인간과 천지만물을 무위이화로 주재하는 것으로 확신할 수 있게 된다. 결과적으로 천주와 지기는 동일한 실재의 두 표현이 아니다. 천주와 지기의 관계는 종속의 관계이며, 지기는 절대적인 천주가 운용하는 지기여야 한다는 주장이 별 무리가 없이 성립할 수 있게 되는 것이다.

③ 지기는 의인화된 천주인가

지기가 곧 의인화된 천주라고 주장하는 경우는 지기로부터 인간을 비롯한 우주 전체의 천지만물이 창조 변화되어 나오는 근원적인 본체로 규정하면서 지기를 신성한 천주로 보는 입장이다. 이러한 주장을 펼칠 수 있는 근거는 「교훈가」의 "억조창생億兆蒼生 많은 사람 동귀일체同歸一體 하는 줄을 사십평생 알았더냐."에서 찾아볼 수 있다. 즉 세계란 근원적인 본체로 말하면 아무런 형체가 없는 하나의 전일한 지기이지만, 이를 근거로 해서 수많은 개별적인 것들이 창조되어 많음으로 형성됐기 때문에, 자연의 모든 것이 동질적인 존재가 된다는 얘기다. "동귀일체"의 핵심 내용이 이를 뜻한다.

동귀일체의 논리에 따르면, 최초에 신성한 본체로서 지기가 있었고, 이를 바탕으로 해서 하나의 유기적인 세포가 우연히 창조되었으며, 이것이 자기 복제를 하여 수많은 개별적인 세포들이 나왔고, 수많은 세포의 생명체가 모여 보다 복잡하고 진화된 생명체가 출현하게 되었으며, 나아가 인간과 같은 보다 진화한 개별적인 생명체들을 창조되어 오늘에 이르렀다는 입장이다. 한마디로 말해서 전일한 신성한 지기를 본체로 하여 수많은 종류의 개별적인 것들이 스스로 창출되었다는 "지기일원론"의 입장이다.

지기일원론의 입장은 지기를 의인화된 천주로 간주한다. 지기일원론은 우주 전체의 속이 천주의 신령神靈이요 겉이 천주의 기화라는 입장에서 단순한 범신론으로 전락할 가능성이 제기될 수 있다. 엄격한 의미에서 범신론은 인격신을 배격한다. 인격신을 부정하는 범신론은 맹목적인 신앙관으로 흐르게 될 수 있다. 그러나 수운은 범신론자가 아니다. 수운의 천주는 진정한 의미에서 지기가 아닌 인격적 상제를 전제하기 때문이다. 따라서 지기를 의인화된 천주로 파악한다는 것은 수운의 절대적인 인격적 상제관에 정면으로 위배되고 있음을 알 수 있다.

그러므로 수운이 말하는 절대적인 천주는 지기와 대등하게 양립하는 것도 아니고, 지기와 동일한 존재의 두 표현도 아니며, 지기가 의인화된 것도 아니다. 앞서 밝혔듯이, 절대적인 천주는 우주만유의 원 주인이지만, 그 조화섭리는 창조성을 본성으로 하는 무형의 조물주와 만유를 주재하여 다스림을 본성으로 하는 유형의 인격적 주재자로 분석된다. 여기에서 절대적인 신앙의 대상이 되는 천주는 실제로 유형의 인격적 주재자, 즉 신의 위격으로 말하면 지존무상의 상제이다. 상제는 무형의 조물주의 본체 자리와 하나가 되어 조화 신권을 그대로 쓰는 실제적인 천주가 되는 것이다. 그리고 무형의 조물주가 운용하는 지기는 다름 아닌 천주의 지기로 천지만물이 창조변화되는 바탕이 되는 것이다. 따라서 천주와 지기는 필연적으로 종속의 관계, 즉 지기는 천주의 지기이지 그 역은 아니다.

●용담정 있는 경주 구미산일대 안내도…가운데 아래부분이 대신사의 유허비가 있는 생가터다. 정면 골짜기에 용담정이 있고, 길게 뻗은 능선 중간에 수운선생의 묘가 있다.

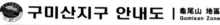

구미산지구 주요현황

구 미 산 : 해발594.4m, 아산(峨山), 비산(比山)이라고도 하였음.
구 역 : 현곡면 남사리, 가정리
국립공원지정 : 1974년
명소안내
● 용 담 정 [龍潭亭, Youngdamjeong(Pavilion)]
 – 동학의 창시자 "최제우"가 태어난 곳이며, 용담유사를 집필한 곳.
 – 인내천사상을 바탕으로 천도교를 전도 하던 곳.
 – 1974년에 구미산 일원이 국립공원으로 지정되면서 1975년 용담정을 재건축하고 천도교의 성지로 관리되고 있다.

자연 및 문화자원

용담정

남사리북삼층석탑

최제우선생 유허비

하늘밀나리
각시원추리
노랑제비꽃

3) 시천주侍天主의 의미 분석

동학이 보다 위대하고 보편적인 종교가 될 수 있었던 결정적인 것은 강령주문 보다는 본주문 13자에 들어 있다. 그것은 본주문이 '시천주'의 핵심이 되기 때문이다. 그 까닭은 수운이 「교훈가」의 "열석자 지극하면 만권시서 무엇하며"라고 말한 것을 깊이 파고들어 그 핵심을 음미해보면 쉽게 간파해낼 수 있다.

본주문의 첫머리에 나오는 '시천주侍天主'는 동학이 지향하는 바의 가르침을 압축한 중핵이 된다. 그 이유는 동학의 발생 동기가 수운이 영적 대화를 통해서 직접 체험한 천주(상제)에 바탕을 두고 있기 때문이다. 그렇기 때문에 수운이 본래 의도했던 시천주에 대한 의미를 정확하게 이해하는 것은 동학을 연구하는 자들에게는 대단히 중요한 위치를 차지한다고 볼 수 있다. 시천주에 대한 핵심의미의 정곡을 찌르지 못한 채 동학을 운운하는 것은 동학의 근본사상이 왜곡되고 곡해될 우려가 다분히 발생할 것이기 때문이다.

시천주가 전하고자 하는 본래의 뜻을 심도 있게 파악하는 작업은 수운이 의도했던 관점으로 돌아가 자신의 저서에서 보여주고 있는 종교적 입장과 형이상학적 관점을 통해 일관되게 흐르는 맥을 잡아 그 중심에서 시천주를 해석하는 것이다. 이 노선을 충실하게 따르다 보면 시천주 사상에 대한 기존에 축적된 동학 연구자들의 견해와 다른 해석이 나올 수도 있을 것이다. 하지만 필자는 이 방법이 원래 수운이 제시한 시천주를 올바르게 이해하는 첩경이라 생각하며, 시천주가 최소한 "양천주"사상이나 "인내천" 사상으로 변질됨을 막을 수 있을 길이라 믿는다.

'시侍'에 대한 수운의 풀이

'시천주'란 무엇인가? 글자 그대로 말하면 '모실 시侍'자에 '하늘 천天'과 '주인 주主'자의 결합어이다. 여기에서 '모심'은 목적어로서의 대상을 전제할 것이다. 그렇지 않으면 '모신다'는 행위 자체는 어불성설이기 때문이다. 모심의 대상은 바로 '천天','천주天主', 둘 중에 하나이다. 그런데 수운은 '천'에 대해서는 규정을 내리지 않았고 '주'에 대해서만 "존칭하여 부모와 같이 섬겨야 하는"[112]으로 정의하고 있다. 그는 '천'에 대하여 명확히 말하지 않았기 때문에, 후에 이에 대한 다양한 해석이 나올 수 있었고, 또한 시천주에 대한 설명이 각기 달라질 소지가 발생하게 됐을 것이다.

필자는 모심의 대상을 단순한 하늘이 아니라 '부모와 같이 섬겨야 하는 인격적인 하느님', 즉 '천주'로 설정하고, 시천주란 곧 '천주를 부모와 같이 모신다'는 뜻으로 파악해야 올바른 이해라고 믿는다.

---

112 "主者 稱其尊而與父母同事者也."(『東經大全』「論學文」)

천주를 모시려면 우리의 지성은 우선 '천주에 대한 관념'을 실제로 소유하고 있어야 한다. 천주에 대한 관념이 없으면 모신다는 말은 의미가 없기 때문이다. 그런데 부모에 대한 관념은 우리가 경험을 통해 인식하여 소유하고 있지만, 천주에 대한 관념은 우리 앞에 현시되지 않는 한 경험을 통해서 얻어질 수 없는 그런 것이다. 그러나 우리가 천주를 직접 경험하지 않았다 하더라도 천주에 대한 관념을 가질 수 있다는 것이 가능하다. 그렇다면 천주에 대한 관념의 기원은 어디에서 비롯된 것일까?

근대 인식론의 관점에서 볼 때, 수운의 '천주 관념'에 대한 기원은 "본유관념론"[113]과 유사한 방식을 취하는 것으로 보인다. 「교훈가」에서 "나는 도시 믿지 말고 한울님을 믿었어라. 네 몸에 모셨으니 사근취원捨近取遠 하단말가."는 이를 말해주고 있다. 여기에서 '네 몸에 모셨으니'와 '사근취원'은 태생부터 '천주에 대한 관념'이 이미 내재하기 때문에 이를 깨달아 천주를 모셔야함을 암시하고 있다. 그렇다면 '천주에 대한 관념'이 선험적으로 내재한

---

113 관념은 지식이다. "본유관념론innate idea"은 플라톤 철학에 바탕을 둔 합리주의 전통에서 데카르트(R.Descartes)가 주장한 이론이다. 인식의 틀에서 볼때, 관념의 기원은 크게 두 방식에서 비롯된 것이라고 말할 수 있겠다. 하나는 반드시 경험을 통해서만 형성된다는 '감각적 관념'이고, 다른 하나는 경험 없이도 타고날 때부터 잠재적으로 이미 내재해 있다는 '본유관념'이다. 전자의 경우는 영국 경험주의가 대표적이고, 후자의 경우는 대륙의 합리주의 인식론이 대표적이다. 필자는 수운이 제시한 '천주에 대한 관념'이 본유관념론의 입장에서 말한 것으로 판단한다.

다는 전제 하에서 어떻게 하는 것이 천주에 대한 진정한 '모심'[114] 이 되는 것인가를 풀어보는 것이 중요하다.

수운은 '모심'에 대해서 여러 관점에서 말하고 있다. 그는 「논학문」에서는 "공경하여 부모를 섬기는 것과 똑같이 하는 것", "천주를 지극히 위하는 글자"[115], 「권학가」에서는 "한울님만 생각하소", "한울님만 공경하면", 「수덕문」에서는 "천주를 위하겠다는 맹세를 길이 간직하겠음"[116]등으로 '모심'의 뜻을 말하고 있다. 여기에서 '공경', '위함', '생각' 등은 모두 자신의 생명을 낳아준 부모에 대한 은공을 잊지 않고 늘 몸과 마음을 다하여 극진히 보살피고 섬긴다는 뜻도 포함된다.

'시천주'가 부모를 섬기듯이 천주를 모시는 것이라면, 그것은 어떻게 하는 것이 진정한 모심이 되는 것인가? 수운은 '모심'에 대하여 독특하게 정의를 내리고 있다. 그는 「논학문」에서 "시라는 것은 ① 안으로는 신령함이 있고 ② 밖으로는 기화의 작용이 있어 ③ 온 세상 사람들이 각기 깨달아서 이를 조금도 옮기지(변하지) 않는 것"[117]이라고 풀이하고 있다. 우선 각각의 말에 담긴 뜻을

---

114 '모심'에 대하여 동학을 연구하는 기존의 학자들은 각기 나름대로의 입장에서 논의하면서 다양한 각도에서 조명하기도 한다.(표영삼, 『수운의 삶과 생각 동학1』, 115-116쪽 참조.)

115 "與父母同事者", "爲天主."(『東經大全』「論學文」)

116 "永侍之重盟."(『東經大全』「修德文」)

117 "侍者 內有神靈 外有氣化, 一世之人 各知不移者也."(『東經大全』「論學文」)

풀어 보고 '시천주'에 대하여 전체적으로 종합하여 참 뜻을 정리해 보자.

① 내유신령內有神靈

"안으로는 신령함이 있다[內有神靈]"는 뜻은 무엇을 말하는 것일까? '안에 있다'는 말은 어떤 주체를 전제한다. 주체는 바로 개별적인 생명[나]이다. '나'의 생명은 죽어 있는 것이 아니라 살아 있는 것[生氣]이며 물질적인 몸[身]과 분리되어 있지 않다. 그리고 개별적인 생명인 '나'의 주체 중심에는 사람의 마음[心]이 있다. 이를 정리해 보면, '나'라는 유기체는 생명의 기운[氣], 마음[心], 몸[身]으로 분석되지만, 분리될 수 없는 하나의 세 측면으로 분석해볼 수 있는 것이다. 그렇다면 '내유신령'은 마음, 기, 몸 중에 신령이 자리를 틀고 있거나 아니면 개별적인 생명의 주체 중심 안에 어디엔가 자리하고 있다는 뜻이다.

그런데 내재하는 신령과 마음을 동연의 범주로 보고, 양자가 같은 것으로 취급하려는 경향이 있다. 즉 마음 안에 있는 신령은 세상에 태어난 아기의 마음과 같다는 것이 그것이다. 수운 사후 동학의 2대 교주인 해월海月이 대표적이다. 그는 "안에 신령이 있다는 것은 처음 세상에 태어날 때[落地初]의 자식의 마음을 말하는 것"[118]이라고 정의한다. 여기에서 내재하는 신령은 포태된 생명

---

118 해월은 "안으로 신령이 있다는 것은 처음 세상에 태어날 때의 아기의 마

이 모태에서 떨어져 나온 갓난아기의 출생과 함께 있게 된 아기의 마음이란 뜻이다. 해월은 내재하는 신령을 아기의 탄생 이후에 생겨난 것으로 본 것이다. 이는 출생되기 이전, 즉 모체에서 포태되어 세상에 나오기 전의 만삭이 된 태아에는 신령[마음]이 없다는 것을 함축한다.

그러나 필자는 마음과 그 안에 있는 신령은 근본적으로 다르다고 본다. 신령은 모체에서 포태의 순간부터 있었다고 본다. 다시 말해서 인간의 생명이 포태되는 순간은 곧 외부로부터 신神이 들어오고, 그 순간에 영적인 마음이 생겨나 신과 함께 활동하는 데, 이것이 신령이라는 얘기다. 이는 바로 생명활동의 근원이 신이고, 이를 기반으로 하여 마음의 활동이 시작하게 됨을 뜻한다. 역으로 말해서 만일 신이 들어오지 않으면 개별적인 인간의 생명은 포태될 수 없고, 마음 또한 생겨날 수 없다는 뜻이다. 그래서 개별적인 생명의 활동은 곧 내재하는 신의 작용으로 인해 유지된다고 말할 수 있는 것이다. 이 논리는 앞서 지기至氣의 분석에서 밝혀진 신령에 근거한다.

음을 말하는 것이요, 밖으로 氣化가 있다는 것은 포태할 때에 理致氣運이 바탕에 응하여 본체를 이루는 것이다內有神靈者 落地初 亦子之心也, 外有氣化者 胞胎時 理氣應質而成體也."라고 말한다. 즉 해월은 '내유신령'은 출생과 함께 성립되고, '외유기화'는 포태할 때 천지간에 꽉 차 있는 천주의 기운, 즉 지기의 조화로 이치와 기운이 엉기어 생명의 몸을 이루기 시작하는 데서 성립된다는 주장이다."(『海月神師說法』「靈符呪文」)

신령은 어떻게 해서 개별적인 생명의 활동 근거가 되는가? 개별적인 생명이 포태되는 순간, 신은 천지기운을 타고 모태 속으로 들어와 터를 잡게 된다. 앞서 "신은 기요 기는 허이며 허는 곧 일기"[119]임을 밝혔듯이, 신과 기는 음양 짝으로 같이 있으면서 기를 바탕으로 만유의 생명을 이끌어낸다. 그래서 신이 천지기운을 타고 내려와 터를 잡는다는 것은 곧 삼신이 개별화되어 생명의 창조 활동을 개시했다는 뜻이다. 이때 개별적인 생명활동은 삼신이 신화神化의 과정을 거쳤음을 뜻하는데, 신화의 과정이란 삼신이 개별화되어 곧 내재하는 신령神靈으로 전화轉化되었음을 함축한다.

신화의 과정을 거쳐 내재하게 된 신령은 신성神性과 영성靈性의 합성어로 분석하여 이해할 수 있다. 여기에서 신성의 측면은 포태된 태아가 그 순간부터 생명, 마음, 몸의 변화 작용이 일어나게 하는 근거가 되는데, 즉 조화의 신은 개별적인 인간의 마음[心]을 있게 하며, 교화의 신은 천지기운을 운용하여 개별적인 생명의 기[生氣]를 있게 하고, 치화의 신은 개별적인 몸[身]을 있게 하는 것이다. 반면에 영성의 측면은 포태된 개별적인 생명체의 마음 중심에 자리를 잡고서 신과 마음을 매개하는 역할을 하게 되는 것이다.

따라서 인간의 마음은 신이 들어온 순간부터 개별적인 생명과 함께 태동하기 시작하는 것이다. 이는 포태된 태아도 마음의 활동

---

119 "神卽氣也. 氣卽虛也, 虛卽一也."(안경전 역주, 『환단고기』「蘇塗經典本訓」, 522쪽.)

이 있다는 뜻이다. 영적인 마음이 그것이다. 즉 태아의 마음이 활동하기 시작했다는 것은 그 중심에 머무르는 신과 령[神靈][120](신성과 영성)이 교감함을 뜻한다. 달리 말하면 태아의 마음이란 영성이 신을 감싸고 있으면서 활동한다고 보는 것이다. 그런데 태아가 성장하면서 마음으로부터 감각적인 의식이 나오게 되고, 세상에 태어나면서부터는 마음에서 의식의 활동이 있게 되는데, 의식작용이 싹이 트면서 개별적인 생명의 마음은 대개 의식에 의거해서 살아가게 마련이다. 그와는 반대로 마음에 내재하는 신령은 의식의 활동에 의존하는 마음에서 점점 소원해지게 되는데, 개별적인 영성의 퇴화가 그 징후이다. 따라서 신령이란 개별적인 생명활동의 근원이기 때문에 인간이면 누구나 다 내재하는 것이지만, 의식에 의존해서 일상을 살아가는 인간의 마음은 내재하는 신령을 대부분 의식하지 못한 채 살아가게 마련이라고 말할 수 있는 것이다.

어떻게 하면 마음의 중심에 내재하는 신령을 회복할 수 있는가? 그것은 통상 어떤 방식으로든 신안神眼이 열림으로써 가능하다고들 말한다. 신안의 열림은 마음의 중심에 있는 퇴화된 영성을 회복하여 본래의 상태를 되찾음에 있다. 본래의 영성을 되찾음은 곧 신성의 일깨움으로 이어지게 되고, 영성의 회복으로 인해 마

---

120 여기에서 최동희는 "신령이란 '신령스럽다'로 해석하여 인간이 심기心氣를 바르게 닦았을 때 영적靈的인 천주의 음성을 알아듣는 마음의 상태를 뜻한다"고 해석하고 있다. (최동희·이경원, 『새로 쓰는 동학』, 87쪽.)

음은 의식이 아니라 신성에 의지하게 될 수 있는 것이다.

신성에 의지함은 어떻게 가능한가? 생명의 본성은 신성이기 때문에 사람은 누구나 내부와 외부와의 관계에서 일어나는 의식을 완전히 끊고 침잠한 상태로 돌아가 자신의 내면을 들여다보면, 마음의 중심에는 신령이 자리를 틀고 있음을 직감直感할 수 있다. 수행자들이 체험하게 되는 무아의 경계[무아지경無我之境]가 그것이다. 이 순간은 개별적인 마음이 내재하는 신령과 교감하여 서로 소통하고 있는 상태를 뜻한다.

신령과 소통하여 하나가 된 마음의 상태에 이르기 위해서는 개별적인 영성의 질적인 도약이 필요하다. 영성의 질적인 도약은 일종의 수행을 통해서 가능하다. 수

●용담정 입구에 있는 최수운대신사의 동상…용담정에서 수운은 천주님과의 천상문답을 체험하여 "시천주"와 "다시개벽" 소식을 천명으로 받았다.

운이 제시한 시천주 주문 수행은 영적인 도약을 가능케 하는 한 방법이 된다. 수행을 통해 이루어지는 영적인 도약은 관계의 논리에 따라 내적으로 잠들어 있는 신령을 일깨워 소통하게 하고, 외부에서 주어지는 지극한 신적인 기운과 마음이 접촉할 수 있도록 해준다. 수운의 말로 표현하면 "외유접령지기外有接靈之氣"가 가능한 것이다.

'접령지기'는 의식의 방해가 없는 한 내재하는 신령이 곧 질적인 전환으로 상승해 있는 상태가 됐음을 말해준다. 내재하는 신령의 질적인 전환은 다름 아닌 신화하여 개별화되기 이전의 본원적인 신령, 즉 우주에 꽉 들어차 있는 전일한 신령과의 접촉에까지 이를 수 있게 되는 것이다. 본원적인 신령이란 전체이며 하나인 근원의 삼신, 즉 천주의 지기에 실려 있는 무형의 조화신성이라 할 수 있다. 이 경계에 이르러야 만이 수운이 그랬던 것처럼 절대적인 천주와의 접촉이 이루어질 수 있고, 천주로부터 "내유강화지교內有降話之敎"를 천명으로 받아 내릴 수 있게 되는 것이다.

② 외유기화外有氣化

"밖으로는 기화의 작용이 있다[外有氣化]"는 것은 무엇을 의미하는가? '기화氣化'란 글자 그대로 말하면 기의 전화轉化, 즉 기의 유동流動을 뜻한다. 기의 전화로 말미암아 모든 것들은 변화가 일어나는 것이다.

여기에서 변화란 두 방식으로 구분하여 말해볼 수 있을 것이다. 하나는 소위 본질적인 변화essential form이고, 다른 하나는 우연적인 변화accidental form이다. 본질적인 변화는 사람이 죽거나 나무가 타서 재가 되는 경우에서 볼 수 있듯이, 사물 자체가 본성적으로 달라짐을 뜻하고, 우연적인 변화는 뚱뚱한 사람이 홀쭉해지거나 파란 나뭇잎이 갈색으로 되는 경우에서 볼 수 있듯이, 겉모습만 달라짐을 의미한다. 우연적인 변화는 달리 표현하여 운동이라 한다. 운동은 질적인 것을 비롯하여 사물의 장소의 이동, 색깔의 교체, 크기가 달라짐 등을 말한다. 따라서 기화란 기 자체가 본질적으로 변화되는 것이 아니라 운동의 의미에서 이합집산에 따른 기의 흐름인 것이다. 왜냐하면 기 자체는 동질적이기 때문이다.

앞서 밝혔듯이, 허령창창한 혼원渾元의 일기는 온 우주에 가득 차 있다. 그것은 자체로 무엇이라 말할 수 없고 형용할 수 없는 무형의 것이지만 만유의 창조변화를 이루는 천주의 지기이다. 온 우주에 편만해 있는 혼원의 일기는 논리적으로 순수한 원기와 원신(신)으로 구분하여 볼 수 있다. 모든 변화에 있어서 겉으로는 기화의 작용이 있고 안으로는 신이 내재하지만, 신과 기는 분리될 수 없는 한 몸으로 역사하는 것이다. 즉 기의 흐름은 항상 신을 동반하며, 신은 기를 타고서 기의 흐름을 이끌어가는 주체가 되는 것이다. "천지간에 가득한 것이 신이니 신이 하지 않는 것이 없고, 혹 바른 벽이나 손톱에 가시 하나 박히는 것도 신이 들어서 되는 것"이라는 정의는 바로 이를 단적으로 말해주고 있다.

따라서 만유의 생명은 안으로는 신령이 있고[內有神靈] 밖으로는 항상 기화의 작용[外有氣化]이 있다고 할 수 있다. 즉 신의 활동과 기화의 작용으로 말미암아 모든 것들은 창조변화의 과정으로 돌입하게 된다는 것이다. 기화의 작용은 전적으로 신의 운용방식을 따른다. 신이 작용의 원인이 되고 그 현상으로 드러난 결과가 곧 기화의 작용인 것이다. 다시 말하자면 개별적인 생명체는 그 안에 신령이 내재해 있고, 신령으로 말미암아 밖으로는 기화의 작용이 항상 있게 마련이다. 신령은 기화를 이끌어가는 주체이고, 기화는 신령에 의한 기의 변용이다. 이러한 변화과정을 수운은 "기화신氣化之神"이라 표현했다. '서학의 가르침에는 기화지신이 없다'고 한 것은 이를 두고 하는 말이다. 즉 '기화지신'이란 기의 흐름을 타고 들어온 신이 작용하여 변화를 일으킴을 뜻한다.

신에 의한 기화의 작용, 즉 '밖으로는 기화의 작용이 있다'는 뜻은 두 방식으로 이해할 수 있다. 하나는 본질적인 변화의 경우이고 다른 하나는 우연적인 변화의 경우이다. 본질적인 변화의 경우는 개별적인 존재가 다른 것과의 접촉을 통해서 기氣의 흐름이 급격하게 달라짐을 지칭하는데,[121] 사람이 죽거나 나무가 타서 재

---

121 필자는 김경재의 견해와 근본적으로 달리한다. 그는 "'외유기화'란 곧 절대 초월적 하눌님이 시공 속에서 자신을 스스로 나타내고 만물을 지어가고

가 되는 것이 그 예이다. 요컨대 사람에게서는 생명의 신이 나가고 죽음의 신이 들어오게 되어 죽음의 기운을 뿜어내게 될 것이고, 나무에게서는 불의 신이 들어오게 되면 나무의 기는 화기로 전환되어 열기를 뿜으면서 타버려 재가 된다. 우리가 알고 있는 우연적인 변화의 경우도 신에 의한 기화의 작용으로 볼 수 있는데, 신이 들어옴으로써 기의 흐름이 달라짐을 볼 수 있다. 즉 나약한 사람이 갑자기 용감해진다면 그에 맞는 영웅의 신이 응기하여 그러한 기운이 들어와 발산하게 되는 것이고, 가을에 나뭇잎이 누렇게 변한다면 가을기운을 타고 들어온 신에 의해 그렇게 변화하는 것이다. 이와 같이 우주에서 일어나는 모든 창조변화는 기화지신을 동반한다고 볼 수 있다.

문제는 수운이 기화지신을 제기하여 우리에게 가르치고자 한 궁극의 목적이 무엇일까 하는 점이다. 이는 '시천주'와 관련하여 수운의 인간관 및 수행관의 측면에서 풀어야 할 과제일 것이다. 수행을 통해서 마음과 몸이 곧 외적인 영적인 지기와의 접함이 이루어지는 경계[접령지기接靈之氣]에 이르게 되면, 우리는 '내유신령'과 '외유기화'가 합일하게 됨을 체험할 수 있게 된다.[122] 다시

만유 속에 내재하면서 만유를 자기와 하나 되게 하는 창발적 운동태를 말한다."(김경재, 「수운의 시천주 체험과 동학의 신관」, 『수운 최제우』, 오문환 편저, 90쪽)고 주장한다.

122 "'내유신령'이 하눌님 곧 '지기'의 인간생명체 안에서 내재적–신령적 존재양식이라면, '외유기화'는 몸을 포함하고 몸을 둘러싼 전체 우주 속에서의

말해서 일상의 삶에서는 기화지신이 생명의 유지하는 수단으로 미미하게 작용하다가 수행을 통해 내적으로 영적인 도약이 이루어지게 되면 급작스런 기의 변용, 즉 몸이 떨리고 주체할 수 없는 만큼의 접령接靈의 기운을 직감할 수 있게 마련이다. 그것은 내재하는 신령과 외부의 신령이 합치되는 사태, 곧 수운이 말한 접령지기의 상태에 이르게 됨을 뜻한다.

접령지기의 경계에 이르게 되면, 보다 강력한 신기가 들어오게 되는데, 수운이 몸이 떨리고 정신이 혼미해진 까닭이 그 예라 볼 수 있겠다. 이런 경우는 천주의 지기와 충만한 접촉을 통해서만 체험할 수 있는 것이다. 이러한 접령지기를 체험하는 것은 불노자득不勞自得이 아니다. 그것은 일종의 맹렬한 수행을 통해서 내재하는 영적 도약이 이루어지고, 천주의 지기와 접하여 곧 천주의 마음과 내가 혼연일체가 됨으로써 가능한 일이다. 기화지신의 극단적인 상태는 이를 두고 하는 말이다.

그러나 우리가 수행을 하다보면 삿된 기운을 타고 오는 신령과 합일되는 경우도 있다. 우리가 흔히 허령이 들었다고 말하는 것이

시공간적-물리적 존재방식이다. 다시 말해서 '내유신령'은 인간의 생명체 몸을 보다 體化된 靈으로 만들고, '외유기화'는 보다 靈化된 肉體로 만든다. 더 단순화시켜 말하면 '내유신령'은 인간의 생명체를 영적 신령존재로 만들며, '외유기화'는 인간의 생명체를 신묘한 유기체 곧 물질-정신-영의 통일체적 '몸'이 되게 한다.(김경재, 「수운의 시천주 체험과 동학의 신관」, 오문환 편저, 『수운 최제우』, 90쪽.)

그 징표이다. 이 경우에도 기화지신을 직접 체험하는 경우라고 할 수 있겠다. 그래서 수운은 허령이 들지 않도록 하기 위해 '정심정기正心正氣'의 수행법을 제시한다. 설혹 천주의 지기에 접함이 있더라도 천주의 성령에 접하지 못하는 경우가 있을 것이기 때문이다. 이런 경우를 대비해서 수운은 "각지불이各知不移"의 정신으로 천주를 지극정성으로 모시는 마음이 지속되어야 한다고 말하게 된다.

③ 각지불이各知不移

온 세상 사람들이 "각기 깨달아서 이를 조금도 옮기지 않는 것[各知不移]"란 무엇을 의미하는가? 우선 '각지불이各知不移'에서 '각지'와 '불이'에 대한 의미를 각기 정의하고 종합하는 것이 중요하다. 각지는 문자적으로 말하면 '각기 알아서'라고 풀이할 수 있고, '불이'란 알고 있는 것을 '절대로 변함없이 유지하라.'는 뜻으로 볼 수 있다.

먼저 '각지'의 의미를 알아보자. 소위 '안다'는 뜻은 통상 우리의 의식意識이 신체에 딸려 있는 감각을 통해 얻을 수 있는 지각을 뜻하거나, 이러한 감각지각을 소재로 해서 추리하여 얻을 수 있는 이성적인 직관을 말한다. 전자는 소위 경험주의 전통에서 구축된 앎의 방식이고, 후자는 합리주의 전통에서 체계화된 인식 방법이다. 하지만 수운이 말하는 '각지'는 감각지각에 바탕을 둔 경험주의방식이나 이성적 직관에서 비롯되는 합리주의 방식을 넘어서 있다. 소위 깨달음을 통한 앎이 이에 속한다. 깨달음이란 의식이 뿌리를 박고 있는 마음이 감통感通을 통해서 얻을 수 있는, 보다 완성된 직관이라 할 수 있겠다. 즉 마음은 영적인 도약을 통해 신령과 소통할 수 있는데, 각지는 바로 감성과 이성을 넘어서 제3의 눈이라 불리는 영적인 눈으로 얻어지는 통각統覺인 것이다.

감통으로 얻어지는 통각은 세 단계의 조건을 필요로 하는 인식일 것이다. 첫 번째 단계는 내재하는 신적인 영성을 회복한 마음이 앞서 설명한 ①의 내유신령과 ②의 외유기화의 묘합작용으로 자신의 생명이 유지된다는 것을 인식하는 것이다. 다음 단계는 영적인 도약을 통해 개별적인 생명체의 안과 밖에서 일어나는 '기화지신'을 체험하고 깨닫는 것이다. 이는 수운이 서학의 가르침에는 '몸에는 기화지신'이 없다고 비판한 것을 염두에 둔다면 쉽게 이해될 수 있다. 마지막으로 깨달음의 궁극 목적은 기화지신을 통해 천주와 소통하여 그와 한 마음이 되는 것이다. 필자는 이것이 이른바 수운이 말한 '각지'의 참 의미가 된다고 본다.

'불이'란 천주에 대한 깨달음이 망각되거나 변질됨이 없이 항상 마음에 간직하여 모시고 있음을 의미한다. 이에 대해서 유철은 "이처럼 '불이'는 '모심'의 또 다른 표현이다. 즉 수운의 해석에 의

하면 모든 세상 사람들은 상제의 신령스러움과 지극한 기운을 체험하고 그것으로부터 옮기지 않는 것, 바로 이것이 다른 말로 표현해서 '모심'이다. 그래서 '시'에 대한 해석에서 중요한 것은 바로 상제를 향한 인간의 마음을 끝까지 지켜내는 것, 신앙을 변치 않는 것, 즉 '불이'라고 할 수 있다."[123]고 주장한다. 따라서 '각지불이'는 '세상 사람들이 각자 저마다 기화지신을 통해 천주에 대한 믿음을 깨달아 그 믿음이 흔들리거나 변함이 없어야 한다'는 뜻으로 풀이할 수 있다. 이것이 '시'에 대한 올바른 해석이 된다.

그러므로 수운이 말한 "밖으로는 영적인 지기와의 접함이 있고[外有接靈之氣] 안으로는 강화의 가르침을 받아 내릴 수 있다[內有降話之敎]"는 참 의미는 바로 '천주를 모심'[124]을 전제로 해서 발현되는 것으로 볼 수 있다. 즉 밖으로 접령의 기운이 있다는 것은 천주의 지기와 접하여 합일되는 과정이 있었다는 것이고, 그로 말미암아 개별적인 신령을 통해 안으로는 강화의 가르침이 있게 된다는 것이다. 이러한 의미에서 수운은 '시천주'를 말한 것

---

123 유철, 「동학의 '시천주' 주문」, 『잃어버린 상제문화를 찾아서(동학)』, 105–106쪽.

124 천주를 모신다는 것에 대해 김용휘는 "그 하늘님이 우리의 몸 안에서는 신령神靈으로 존재하고 몸 밖에서는 기氣로 존재하면서 우리 몸과의 끊임없는 기화氣化 작용을 통해 생명을 유지케 하고 있다는 것이다. 그래서 나의 몸 안팎으로 존재하는 하늘님의 실상을 알아서 옮기지 않아야 한다(不移)는 것이다. 여기서 옮기지 않는다는 것은 하늘님이 나의 존재와 생명의 근원이라는 것을 알아서 잘 섬기라는 뜻으로 해석된다."(김용휘, 「수운 최제우의 시천주 사상(천관을 중심으로)」, 『수운 최제우』, 오문환 편저, 110쪽.)

이다. 시천주의 진정한 의미는 천주와 수운의 마음이 소통하여 하나 된 상태, 곧 개별적인 신령이 천주의 신령과 일체가 됨을 목적으로 하며, 이는 곧 "오심즉여심吾心卽汝心"으로 표현된다.

4) 천주와 하나 되는 오심즉여심吾心卽汝心

'모심'의 대상은 분명히 절대적인 천주이다. 동학의 신관은 절대적인 천주에 대한 신앙이기 때문이다. '시천주' 신앙이 그것이다. 모심의 대상인 천주는 인격적인 주재자이다. 인격적인 주재자인 천주는 누구인가? 이는 신의 위격으로 말해보면 지존무상의 상제라 호칭한다. 상제는 바로 서학에서 말하는 창조주 유일신 하나님, 불가에서 말하는 지존의 미륵불, 동방 한민족의 정서에서 말하는 최고의 하느님과 동일한 분이다. 단지 각 지역의 문화가 다르고 언어가 다르기 때문에 표현을 달리하여 호칭하였을 뿐이다.

'시천주', 즉 지존무상의 상제를 모셨다는 의미는 무엇인가? 이와 관련하여 수운이 「교훈가」에서 "나는 도시 믿지 말고 한울님을 믿었어라. 네 몸에 모셨으니 사근취원捨近取遠 하단말가."와 「논학문」에서 "내 마음이 곧 네 마음[吾心卽汝心]"이라고 설파한다. 여기에 난제가 도사리고 있다. 즉 '네 몸에 모셨으니'라는 구절의 의미를 잘못 이해하게 되면, 그것은 '상제를 내 몸에 모시고 있으니 내 마음이 곧 상제의 마음이요, 따라서 내가 상제이다.'는 뜻으로 받아들 수 있다는 얘기다. 이러한 의미의 주장에 동참하는 이들도 있다. 그러나 이는 수운의 시천주의 핵심을 곡해하여 받아들인 결과일 것이다.

'네 몸에 모셨으니'라는 말은 단순히 독실한 믿음을 통해서 신앙의 행위가 생활화되었고, 이로써 상제를 몸에 모셨다는 뜻으로 볼 수는 있다. 그렇다고 해서 객관적으로 실재하는 상제가 내 몸에 실제로 들어와 있어서 내가 곧 상제라는 뜻은 분명히 아니다. 이는 내 몸에 부모를 모셨다거나 부처를 모셨다고 해서 내가 곧 부모요 부처라는 뜻이 아니라는 얘기다. 수운이 이렇게 말한 한 까닭은 적어도 "오심즉여심"의 경계를 제시하기 위해서일 것이다. "오심즉여심"은 '시천주' 신앙을 하는 자가 '각지불이'를 통해서 지존무상의 상제를 깨닫게 되고, 이로부터 상제의 마음과 내 마음이 서로 소통하게 되었을 때 상제와 내가 의도하는 마음이 일치한다는 뜻으로 볼 수 있다. 필자는 이러한 의미해석이 상제 신앙을 제시한 수운의 의도와 부합한다고 본다.

상제를 모시기 위한 예비적 단계

수운이 말하는 천주는 인간이 기원祈願하는 것을 들을 수 있고, 인간에게 계시도 내리며, 인간사에 상벌을 주관하기 때문에 영적으로 활동하는 절대적인 인격적 존재이다. 천주는 시공時空

을 초월하여 계시는 분도 아니고, 우주만유가 어떻게 변화되어 가든지 간에 세상일과는 직접적으로 아무런 관계가 없는 그런 매정한 분도 아니며, 심지어 인간과의 원활한 소통이 이루어질 수 없는 그런 분이 아니라는 얘기다. 천주는 천지와 더불어 만물과 밀접한 관련을 맺고 있으면서 세상사에 간섭하고, 심지어 인간과의 쌍방향적 소통이 이루어져 인간이 천명을 직접적으로 받아 내릴 수 있는 그런 분이다.

인격적인 천주는 신위로 말할 때 지존무상의 상제로 호칭한다. 상제는 우주만유를 넘어서 있는 홀로 실존하는 고독한 초월자가 분명히 아니다. 이에 대한 수운의 생각은 "무지無知한 세상사람 아는바 천지天地라도 경외지심敬畏之心 없었으니 아는 것이 무엇이며, 천상天上에 상제上帝님이 옥경대玉京臺 계시다고 보는듯이 말을 하니 음양이치陰陽理致 고사姑捨하고 허무지설虛無之說 아닐런가."(「도덕가」)에 드러나 있다. 다시 말해서 무지한 세상 사람들은 천지를 안다고 하면서도 천지만물이 상제의 조화섭리造化攝理造化로 경영이 되고 있다는 사실을 모르고 있다. 따라서 그들은 천지를 경외敬畏하는 마음이 전혀 없고, 단순히 상제가 세상을 초월하여 천상 옥경대에 계신다고 보는 듯이 말을 할 뿐이다. 수운은 이를 허무한 말이라고 꼬집었던 것이다.

지존무상의 상제는 우주만유와 더불어 함께하는 분이다. "나는 천지일월天地日月이니라. 나는 천지天地로 몸을 삼고 일월日月로 눈을 삼느니라."(『도전』 4:111:14-15)고 말씀으로 보아, 상제는 "천지와 더불어 동행"(『도전』 9:76:5)하는 분이다. 천지가 없는 상제는 존재 가치가 없으며, 상제가 없는 천지는 무질서한 혼돈에 지나지 않을 것이다. 상제와 천지는 불가분의 관계이다. 그것은 앞서 밝힌 '유형의 주재자'가 천도를 무위이화로 주재함으로써 우주만유를 질서 있게 다스리고 있다는 것에서 확인할 수 있다. 유형의 주재자란 다름 아닌 주재자로서의 상제를 말한다.

특히 주재자로서의 상제는 분명히 개별적인 인간과 밀접히 관련을 맺고 있는 그런 분이다. 그렇기 때문에 상제는 지극 정성[誠]과 공경[敬]으로 모시는 인간과 서로 소통할 수 있는 그런 인격신이 되는 것이다. 수운이 상제를 '네 몸에 모셨으니 멀리 있는 천상 옥경대에서 찾지 말라'고 말한 까닭이 여기에 있다. 여기에서 '네 몸에 모셨으니'는 상제가 바로 개별적인 인간 안에 모셔져 있으니, 서교에서 말하는 것처럼 초월적으로 멀리 있는 상제를 찾을 필요가 없음[사근취원捨近取遠]을 직접적으로 나타낸 뜻으로 볼 수 있겠다.

그럼 '네 몸에 상제를 모셨다.'는 뜻은 진정 무엇을 의미하는 것일까? 이를 명확히 이해하기 위해서는 모심이 이루어질 수 있는 조건을 단계별로 요약해 보는 것도 하나의 방편이 될 것이다.

먼저 모심의 주체와 객체를 규정해 보는 것이 중요하다. '모셨으니'란 말은 '모시니'의 현재형이 아니다. 그것은 상제에 대한 관념이 어떤 방식으로든 내 안에 태생부터 '이미' 있음을 뜻한다. 내 안에 모셔져 있다고 해서 상제를 모시고 있는 인간이 바로 상제가 된다든가, 아니면 상제가 천주라는 전제로부터 천주의 의미를 확대 해석하여 천도교의 "인내천人乃天"사상으로까지 끌고 나가도 된다는 뜻은 분명히 아니다. 이는 마치 천주가 천주를 모신다고 하거나, 또는 자신이 부모를 내 안에 모시고 있다고 해서 내가 곧 부모라고 하는 것과 같이 자가당착에 빠지는 것과 같다. 따라서 '모심'이 이루어지기 위해서는 주체와 대상이 엄격하게 구분돼야 하고, 진정한 모심이란 신앙의 주체(자기의 마음)가 대상(상제)을 모시는 것이지, 주체가 주체를 모신다든가 하늘이 하늘을 모신다는 뜻은 성립할 수 없다는 얘기다.

둘째로 모심의 주체가 되는 개별적인 마음은 어떻게 해서 나온 것인가를 파악해 보아야 한다. 개별적인 인간의 생명체는 '천주의 지기'에 근거해서 화생된다. 즉 인간의 마음은 천주의 지기에 융합되어 있는 신이 개별적으로 신화神化되어 하나의 생명으로 포태되면서 동시에 발현된다는 것이다. 발현된 마음 중심에는 바로 신령이 자리하여 작용하게 되는데, 이것이 영적인 마음의 활동이 있게 되는 까닭이다. 개별적인 생명체로 신화된 신령은 고유한 방식으로 생명활동을 전개하면서 창조의 목적을 향해 진행해 가는

데, 만일 생명체에서 신령이 떠나면 그 생명체의 활동은 정지되어 죽을 것이고 동시에 마음 또한 없어진다고 할 수 있다.

포태된 생명체의 성장과 더불어 태아胎兒의 마음에는 의식의 징후가 싹이 트기 시작한다. 의식의 활동은 통상 감성적인 의식과 이성적인 의식으로 구분되고, 그 활동의 대표적인 특징은 기억記憶활동이다. 그러나 마음이 뿌리를 박고 있는, 본래의 신령에 근거하는 영성이 있다. 따라서 마음의 활동은 감성, 이성, 영성이라는 세 측면으로 분석되는 것이다. 그런데 출생 이후 마음의 의식 작용이 또렷해지고 강해지면서 마음의 활동은 감각에 의존하는 감성과 지각에 의존하는 이성에 따라 살아가게 된다. 이와는 반대로 마음의 중심에 있던 영성은 점점 소극적으로 활동하게 되어 마음과의 관계가 더욱 더 소원해지게 된다.

셋째로 개별적인 마음이 모심의 대상으로 상제를 진정으로 믿기 위해서는 마음의 영적인 도약이 있어야 한다. 신령한 마음이 그것이다. 다시 말해서 감성과 이성의 의식 활동은 개별적인 생명의 포태 이후에 생겨난 후천적인 것이라 할 수 있지만, 영적인 활동은 포태 이전의 신령이 마음의 중심에 터를 잡음으로써 나온 것이므로 본유적本有的이라 할 수 있다. 신령한 영적인 마음은 근원으로 보면 천주의 영적 속성에 속한다. 그런데 개별적인 생명체 안에 내재된 신령은 의식에 의존하여 살아가는 마음으로 인해 퇴화되어 잠들어 있다. 잠들어 있는 신령한 마음을 일깨우는 하나의 방법은 외부로 향했던 마음을 내부로 돌려 본연의 영적인 마음을 일깨우는 수행이다. 즉 수행의 과정이란 영적인 눈을 틔우는 한 방법이 된다는 얘기다.

넷째로 마음의 영적인 도약은 상제에 대한 깨달음을 획득할 수 있는 가능성이 열린다. 즉 영적인 눈을 틔우는 길은 마음의 영적 도약을 동반하게 되고, 이 경계에 이르러야 비로소 안으로는 신령한 영적인 마음이 활발하게 작용하고 밖으로는 기화의 작용이 활발해지면서 인간은 "기화지신氣化之神"을 체험하는 단계에 돌입할 수 있게 된다. "외유접령지기外有接靈之氣"와 "내유강화지교內有降話之敎"로 표현되는 기화지신의 상태에 이르러서야 개별적인 인간은 상제와 접할 수 있게 된다는 것이다. 그러나 허약하거나 분산된 마음의 소유자는 접령지기의 상태에 이르게 될 때 허령이 들거나 삿된 기운에 압도되어 마魔에 빠지기도 한다. 이런 경우는 상제의 성령에 접할 수 없다. 상제의 성령에 접하지 못한 경우는 상제의 성령이 몸에 들어올 수 없고, 따라서 상제를 진정으로 모신 사태가 발생할 수 없게 된다고 할 수 있다.

네 몸에 모신 상제

네 몸에 상제를 모신다는 뜻은 무엇을 말하는가? '네 몸에 모셨으니'라고 한 뜻은 두 측면, 즉 잠재적인 의미와 실제적인 의미로 구분하여 말할 수 있다. 잠재적인 의미는 상제에 대한 깨달음과 믿음의 가능성이 누구에게나 갖추어져 있다는 뜻이고, 실제적인 의미는 상제의 성령이 몸에 들어옴으로써 이를 깨달아 상제에 대한 믿음을 굳게 유지하고 있는 상태를 두고 한 말이다. 즉 상제를 몸에 모시고 있다는 뜻은 상제가 내게 들어와 내 마음이 곧 상제의 마음이라는 것이 아니라 상제가 우주만물을 주재하는 지존무상의 인격자임을 깨달아 추호의 의심 없이 절대적으로 신앙한다는 뜻으로 보아야 한다.

상제에 대한 절대적인 신앙은 앞서 밝힌 '내유신령'과 '외유기화'의 상태에서 '각지불이各知不移'를 항상 유지해야 하는 것이다. 이것이 가능하기 위해서는 다음 두 조건이 충족되어야 할 것이다. 하나는 영적인 마음이 보다 고차원의 상태로 도약이 이루어져야 한다. 그런 상태에 이르러야 만이 상제의 지극한 영기와 접함이 가능하게 되기 때문이다. 다른 하나는 상제를 정성과 공경을 다하여 믿는 일심이 있어야 한다. 그럼으로써만 수운이 체험했던 것과 마찬가지로 밖으로는 상제의 지기와 접령 상태에 이르게 되어 신체적인 전율과 변화를 동반하게 되고, 안으로는 상제의 성령과 통하게 되어 이심전심以心傳心으로 상제의 가르침을 들을 수 있게 되기 때문이다.

각지불이의 실천방안으로 수운은 "수심정기守心正氣"[125]를 주창한다. 수심정기란 무엇을 의미하는가? 여기서의 '수심'이란 글자 그대로 '마음을 지킨다'는 뜻이다. 이는 곧 '마음을 닦는다'는 뜻의 '수심修心'을 통해서 가능하다. 원래의 마음은 포태되는 순간 신령함이 들어와 거처하는 집으로 신령과 상호작용하는 것이었다. 그런데 마음에서 태동된 의식으로 인해 신령은 퇴색될 수밖에 없다. 마음을 닦는 수심修心은 퇴색한 신령을 일깨워 원래의 상태로 회복하여 변함없이 간직하는 수심守心을 목적으로 한다. 그리고 정기正氣란 개별적인 생명이 포태 될 때 지기로부터 형성된 순수한 생명의 기운(천주의 지기)을 회복하여 간직함을 말한다. 해월의 말을 빌리면, "포태할 때에 이치기운이 바탕에 응하여 생명의 체를 이루었던 것"[126], 즉 포태될 때 이치와 기운이 엉기어 생명의 몸을 이루기 시작할 때의 기운을 바르게 하여 본 모습을 되찾아 지키는 것, 이것이 정기이다.

---

125 수운은 『동경대전』 「논학문」에서 "修心正氣"와 "守心正氣"를 사용하고 있다. '修心'은 천주로부터 품부 받아 나올 때의 본연의 마음으로 돌아가는 과정을 강조한 뜻이고, '守心'은 천주로부터 품부 받은 바로 그 마음을 지킴을 강조한 뜻으로 이해된다. 따라서 '修心'의 목적은 '各知不移'의 실천을 위한 '守心'에 있다.

126 "胞胎時 理氣應質而成體也."(『海月神師說法』 「靈符呪文」)

수심정기의 실천은 공부론工夫論에서 출발한다. 공부론은 마음공부와 몸 공부로 구분해볼 수 있다. 마음을 닦는다는 의미의 수심修心은 일심一心 수행과 직결되어 있는데, 그것은 의식작용을 통해서 일어나는 모든 마음의 활동을 끊고, 태생부터 있었던 본래의 영적인 마음으로 돌아가는 길이다. 즉 오감五感과 추리를 통해서 발생하는 모든 의식을 잠재우고 본유의 영적인 마음의 주체가 되는 것이다. 그것은 성誠을 굳게 지킴을 실천으로 하는 공부라 볼 수 있다. 한마디로 말해서 수심은 상제의 마음과 소통하기 위한 일심공부에 있다. 반면에 기를 바로 세운다는 뜻의 정기正氣는 경敬으로 실천하는 몸 공부라 볼 수 있다. 즉 정기는 상제의 지기에서 비롯된 생명의 원기를 회복하여 그것을 바르게 운용하는 공부이다. 정기는 바로 우주에 편만해 있는 상제의 지기와 접령接靈하여 개별적인 생명이 충만한 기를 운용하도록 하는 데에 그 목적을 둔다.

수심정기의 공부론은 곧 '성경誠敬'의 두 글자에 달려 있는 것이다. 다시 말해서 '시천주' 수행의 궁극 목적은 천주의 무극대도를 깨달아 각자가 도성덕립이 되는 것이다. 「도수사」에서 "성경 이 자字 지켜내어 차차차차 닦아내면 무극대도無極大道 아닐런가. 시호시호時乎時乎 그때 오면 도성덕립道成立德 아닐런가."는 이를 말해주고 있다. 즉 시천주 수행은 만유생명의 주인인 상제와 한 마음이 되어 상제의 무한한 지기를 내려 받는 공부이다. 그것은 일심으로 수행하여 내재하는 신령을 일깨우고, 천주의 지기와 접함으로써 언제 어디에서나 천주와의 소통이 가능하게 됨을 목적으로 하는 것이다. 따라서 '성경신誠敬信'은 '시천주'의 실천공부가 되는 것이고, 이 경계에 이르러야 진정한 의미에서 상제를 '내 몸에 모셨다'고 할 수 있다.

내 마음이 곧 네 마음이라는 뜻

수운은 수심정기守心正氣를 통해서 천주의 마음과 소통할 수 있음을 제기한다. 이와 관련하여 수운은 「논학문」에서 "몸이 몹시 떨리고 한기를 느끼면서 밖으로는 신령의 기운에 접함이 있고 안으로는 강화의 가르침이 있는데, 보아도 보이지 않고 들어도 들리지 아니하므로, 오히려 마음이 괴이하고 의아해서 수심정기修心正氣하고 묻기를 '어찌하여 이렇습니까' 하니, (천주가) 대답하기를 '내 마음이 곧 네 마음이라. 사람들이 이를 어찌 알리오.'"[127]라고 말한다.

일심으로 천주를 몸에 모심으로써 천주의 지극한 영기와 접함이 있게 되었다 하더라도 천주의 가르침을 알아듣지 못할 경우가 발생할 수도 있다. 즉 천주의 지기에 접령한 상태에서 수운의 심신이 몹시 떨리고 아득하였다는 것은 곧 천주의 영기가 자신에게

---

127 "身多戰寒, 外有接靈之氣 內有降話之敎, 視之不見 聽之不聞 心尙怪訝, 修心正氣而問曰, 何爲若然也, 曰吾心卽汝心也, 人何知之."(『東經大全』「論學文」).

들어와 소통되었기 때문이다. 그러한 순간에도 천주의 가르침을 제대로 받아들일 수 없을 때가 있다. 그것은 자신의 마음과 영적인 기운이 바르지 못하여 천주의 마음과 자신의 마음이 교감이 되지 않아 하나가 되지 못했고, 따라서 천주의 마음과 진정으로 소통이 되지 못했기 때문일 것이다.

천주가 말한 '내 마음이 곧 네 마음[吾心卽汝心]'이란 뜻은 천주의 마음과 내 마음이 곧 하나가 되어 서로 완전하게 소통되고 있음을 나타낸다. 즉 '오심즉여심'의 핵심 뜻은 상통相通에 있는 것이다. 이는 '오심즉여심'이 말 그대로 내 마음에는 천주가 있고 천주의 마음에는 내가 있어 천주의 마음과 내 마음이 서로 통하여 하나가 됨을 뜻하는 것이지, 천주와 내가 하나가 되어 천주가 곧 나이고 내가 곧 천주라는 뜻이 아니라는 얘기다. 상통으로부터 천주의 가르침은 수운에게 이심전심으로 전달되고 있고, 천주의 의지가 수운을 통해 실현될 수 있음을 시사하고 있다.

그러나 세상 사람들은 천주의 마음이 나의 마음이고, 세상 모두의 마음과 서로 통하는 것임을 모른다. 상제가 "사람들이 이를 어찌 알리오."라고 말한 까닭이 여기에 있다. 즉 천주는 지기를 운용하여 언제 어디에서나 자신을 온 천하에 만유만상으로 드러내고 있는데, 사람들은 만유생명의 근원이 되고 있는 천주를 깨닫지 못하고 살아가기 마련이라는 얘기다.

진정한 소통은 '모심'을 통해 천주의 마음과 구도자의 마음이 '하나가 돼야' 하는 것이다. 그러기 위해서는 천주의 지기와 접령이 돼야하며, 접령이 가능하기 위해서는 고차원의 영적인 도약이 있어야 한다. 이를 통하여 천주는 구도자에게 감응하여 마음이 서로 통해서 하나가 되는 것이다. 즉 모심을 통해 천주의 마음과 접할 수 있고, 이로부터 천주의 마음은 구도자의 마음과 하나로 소통이 될 수 있는 것이다. 수운이 그랬던 것처럼 진정으로 천주를 위함은 자신의 지극한 정성과 성원에 직접적으로 감응하고 응답하는 그런 천주를 마음에 모신 것이다. 그가 말한 '오심즉여심'은 바로 하나 된 마음으로 '이심전심以心傳心'으로 전달되는 쌍방향적 소통이 이루어졌음을 뜻한다.

어떤 측면에서 보면 쌍방향적 소통으로 이루어지는 '오심즉여심'은 고차원적 영적 도약을 동반한 득도得道의 상태이고, 이는 진정한 의미에서 '천주를 모심'으로 이해할 수 있다. 수운이 도성덕립道成德立을 말한 까닭도 여기에 있을 것이다. 그러므로 '시천주'의 궁극 목적은 도성덕립을 이루어 천주와 합일한 경계에 이르러 그와 한마음이 되고, 쌍방향적 의사소통이 이루어짐으로써 천주의 참 가르침을 받아 내려 그것을 실현하는 데에 있다. 진정한 의미의 시천주는 바로 오심즉여심의 경계에 이르렀음을 뜻하는 것이다.

◉ **대구장대 있던 자리(위) / 경상감영 선화청(아래)**

…1864년 3월, 수운 대신사는 동학이 서양의 요사한 가르침을 그대로 옮겨 이름만 바꾼 사술이며, 서학과 다를 바 없다는 죄목으로 투옥되었다. 경상감사 서헌순이 수운을 심문하였으며, 결국 수운은 대명율大明律에 의거, "좌도난정左道亂政"의 죄목으로 장대에서 처형되었다.

4. 천주와 후천개벽

『동경대전』과『용담유사』의 내용을 분석해 볼 때, 수운이 창교한 동학의 핵심 메시지는 "시천주", "3년 괴질", 그리고 "다시개벽"에 대한 소식을 인류에게 전하는 것으로 집약할 수 있다. 이 가운데서 더 중요하고 결정적인 것은 "시천주"신앙과 "다시개벽"의 소식이다. '시천주'는 절대자 천주를 일심으로 모시고 신앙해야 한다는 것이고,'다시개벽'은 후천 오만 년의 새 운수가 도래하게 되는데, 이 때 인간으로 오신 천주가 오시어 그런 운수에 걸 맞는 "무극대도無極大道"를 내려주어 모두가 지상선경에 살도록 한다는 소식이다.

다시개벽으로 열리는 후천 오만년 선경세계는 곧 절대자 천주가 출현하여 무극대도를 세상에 펼침을 전제로 해서만 가능한 것이다. 무극대도의 펼침은 선경세계에 대한 "조화를 정하는 것[造化定]"이다. 조화를 정하는 일은 "다함이 없는 최고의 운수[無極之運]"에 걸 맞는 도수를 새롭게 짜는 것이다. 즉 다시개벽으로 열리는 세상을 이끌어가는 새로운 도, 새 천지 프로그램이 그것이다. 그래서 절대자 천주로부터 수운이 받은 천명은 "시천주 조화정"과 "다시개벽"의 소식을 인류에게 전하는 사명이었고, 그것이 곧 그가 동학을 창교하게 된 궁극 목적이라고 말할 수 있는 것이다.

우선 수운이 어떤 근거에서 후천 오만년의 선경세계를 말하게 되었는가를 파악하는 것이 중요하다. 선경세계의 도래는 수운이 제시한 운수순환론을 전제한다. 그것은 성운盛運에서 쇠운衰運으로, 쇠운에서 성운으로의 교체를 뜻한다.

쇠운에서 성운으로의 교체는 어떻게 해서 이루어지는 것일까? 수운은 「포덕문」에서 "무릇 상고 이래 지금까지 봄과 가을이 서로 갈마들어 이어지고, 4계절의 융성과 쇠락에 옮김과 바뀜도 없으니, 이 또한 천주조화의 자취요, 천하에 뚜렷이 드러나 있다."[128]고 말한다. 운수순환은 우주순환론과 맞물려 있다. 즉 만유의 생명이 봄여름에 생장의 운수에서 가을에 성숙의 운으로 돌아간다는 것이다.

천주조화의 자취는 시운時運을 따른다. 시운은 논리적으로 시간도수인 천시天時와 공간도수인 천운天運으로 분석하여 이해할 수 있을 것이다. 하지만 천시와 천운은 시·공 연속체라는 의미에

---

128 "盖自上古以來 春秋迭代, 四時盛衰 ,不遷不易, 亦是 天主造化之迹, 照然 于天下也."(『東經大全』「布德文」)

서 보자면 일체로 작용한다. 여기서 분명한 사실은 성하는 운의 극단에 이르면 쇠하는 운으로 치닫고, 쇠하는 운의 정점에 이르면 성하는 운으로 치달아 우주만물이 성쇠盛衰의 순환으로 진행된다는 것이다. 「권학가」의 "쇠운衰運이 지극至極하면 성운盛運이 온다"거나 「용담가」의 "천운이 순환하사 무왕불복無往不復 하시나니"는 이를 말해주고 있다.

우주만물은 성함과 쇠함으로 순환한다. 성함과 쇠함은 절대자 천주가 천도에 따라 지기를 운용하여 드러내는 일체의 현상이다. 왜냐하면 천주는 천지의 원 주인으로 천도를 스스로 내놓고, 그 도를 무위이화로 주재하여 우주만유가 성쇠의 법도로 운행되도록 했기 때문이다. 그래서 4계절이 교대로 이어지고 이에 따라 천지만물이 성쇠의 과정으로 순환하는데, 이것이 바로 천주의 조화에 의한 자취라고 수운은 말하게 된 것이다.

우주는 물론이고 자연과 인간과 문명의 흥망성쇠와 길흉화복 등은 모두 시운에 의거해서 성쇠로 순환하게 되는 것이다. 이러한 운수순환론에서 볼 때 수운은 당시 문명사적인 세태世態가 선천 여름철의 말기에서 맞이하게 되는 쇠운의 정점에 이르렀다고 진단했다. 앞서 수운이 말한 "각자위심各自爲心"의 효박淆薄한 인심, "불순천리不順天理"의 몰지각한 사회풍조, "불고천명不顧天命"으로 인한 금수 같은 약육강식의 세상은 쇠운의 정점에서 나타나는 세태의 한 단면이 된다는 얘기다.

쇠운의 극점에서 성운으로의 전환은 새로운 차원의 세상이 열림을 의미하는데, 이를 수운은 '다시개벽'의 범주로 표현하였다. 극적인 차원 전환은 쇠운의 극점에서 나타나는 기존의 효박淆薄한 세상이 일시에 정리됨을 함축한다. 이에 대해서 그는 3년 괴질을 말한다. 즉 선천 운수의 말대에 이르게 되면 자연사와 문명사에 적체되어 왔던 그간의 모든 병폐가 총체적으로 일어나 3년 괴질로 엄습하게 된다는 것이 수운의 입장이다. 지구촌을 휩쓰는 괴질은 병든 인류와 그릇된 문명을 청산하는 요인이 된다.

그러나 이런 대 전환기의 시점에서 우주 전체를 관할하여 주재하는 절대자 천주는 인류가 "3년 괴질"로부터 다 죽도록 좌시하지만은 않을 것이다. 천주는 다시개벽기에 인간으로 오시어 무극지운에 걸 맞는 조화가 무궁한 무극대도를 내려주어, 인류가 무극대도를 받음으로써 3년 괴질로부터 새 생명으로 거듭 태어나 후천 오만 년의 조화 세상에 살도록 하겠다는 것이다. 이것이 천주가 수운에게 내린 시천주 사상과 다시개벽의 진리였다. 즉 개벽의 진리는 새로운 세상으로의 전환이기 때문에, 그때에 시천주 신앙을 통해 천주의 조화권능에 의지함으로써 새 세상의 새 인간으로 거듭 태어나 지상선경의 낙원에서 영생해야 한다는 것이 수운의 의도였을 것이다.

따라서 시운時運의 순환론에 의거해 볼 때, 선개벽에서 후개벽으로 이어지는 다시개벽은 바로 '후천개벽後天開闢'의 진리로 완성된다고 할 수 있다. 그러나 세상 사람들은 시운을 알지 못한다. 즉 절대자 천주가 조화섭리로 무극지운을 주재한다는 사실, 천주가 무극대도의 진리로써 새 세상의 선경낙원을 건설한다는 다시개벽의 진리를 알지 못한다. 그래서 수운은 다시개벽을 통해 열리는 후천개벽기에 오만 년의 성운成運을 맞이하여 모두 천주의 무극대도無極大道를 닦아 도성덕립의 인간으로 거듭남으로써 지상선경낙원의 새 세상에 살아야 한다고 역설하게 된 것이다.

그래서 필자는 이 장에서 '후천개벽'이 무엇을 뜻하는가를 검토해 보겠는데, 먼저 전통적으로 쓰인 개벽의 어원적인 용례들을 상술해 보고, 수운이 말한 다시개벽의 의미가 무엇을 말하는지를 상술해볼 것이다. 그런 다음 역수론曆數論을 통해 다시개벽이 후천개벽이라는 당위성을 제시해 보고, 다시개벽으로 열리는 오만 년의 후천 운수를 수리학을 통해 밝혀볼 것이다. 마지막으로 후천개벽으로 열리는 새 세상에는 천주의 무극대도가 세상에 나와 후천 오만년의 운수를 정하여 이를 주도적으로 이끌어 나가게 됨을 간략하게 논의해볼 것이다.

1) 수운이 말한 다시개벽

수운이 말한 개벽의 진리는 무엇을 의미하는 것일까? 사실 개벽開闢이란 글자는 '열 개開'와 '열 벽闢'자의 합성어이다. 개벽의 뜻은 주체의 측면에서 말하면 '새롭게 연다'는 의미이고, 객체의 측면에서 말하면 '새롭게 열린다'는 의미이다. 무엇을 열고 무엇이 열린다는 뜻인가? 수운의 입장에서 볼 때 개벽을 주체의 측면에서 말하면 절대적인 천주가 시운을 새롭게 연다는 뜻이고, 객체의 측면에서 말하면 그러한 시운에 따라 새로운 세상이 새롭게 열린다는 뜻이다.

일상적인 의미에서 볼 때 개벽의 범주는 물론 다양한 각도에서 그 의미가 적용될 수 있을 것이다. 질서의 차원에서 시간 공간의 개벽을 말할 수 있고, 대상의 차원에서 자연이나 문명의 개벽이 있을 수 있으며, 마음개벽이나 생활습관의 개벽으로 쓰일 수도 있다. 심지어 기존의 상태에서 새로운 사건으로 전환되었을 경우나 기존의 가치 체계를 버리고 새로운 가치를 연다는 뜻에서도 개벽이란 말이 쓰일 수도 있다.

그러나 개벽이란 말이 나오게 된 소이연을 추적하여 근원에서 살펴보면, 그 출발은 동양 전통의 우주론에서 발원한 것임을 알 수 있다. 전통적인 개벽사상을 바탕으로 하여 수운은 다시개벽을 주창하게 된다는 뜻이다. 수운의 다시개벽은 '하늘과 땅이 새롭게 열린다'는 포괄적인 의미를 가지지만, 직접적인 의미에서 '새로운 시운이 열려 하늘과 땅에 상존하는 만유가 새롭게 된다'는 뜻을 전하고 있다.

중국 고대 문헌에 등장하는 개벽의 의미

먼저 '하늘과 땅이 새롭게 열렸다[開闢]'는 뜻이 무엇을 의미하는가를 중국의 몇몇 문헌에 나타난 내용을 간추려 제시해 보도록 해보자. 그 까닭은 수운이 비록 절대적인 천주로부터 다시개벽의 진리를 천명으로 받았다 할지라도 과거부터 전승되어온 개벽사상을 외면할 수 없었을 것이기 때문이다.

중국의 문헌상에서 개벽이란 용어를 처음으로 기록한 것은 선진先秦 시대에 여러 나라의 일을 기록한 책,『국어國語』「월어하越語下」의 "전야개벽田野開闢"이다. 여기에서의 개벽은 밭과 들을 '개간하다, 개척하다'의 뜻으로 쓰였다고 한다.[129] 이후 전국시대戰國時代 때에 이르자 추연鄒衍에 의해 음양론陰陽論이 체계화 되기에 이르며, 이를 근거로 '기론적氣論的 사유'가 태동하기 시작한 것이다. 이를 바탕으로 하여 우주론 중심의 철학 사상이 대두하면서 천지개벽의 글자가 보이기 시작한 것이다.

한漢 나라 때에 형성된 '기론적 사유'에는 '개벽'이란 글자에 하

---

129 천병돈,「'천지개벽'에 관한 문헌적 고찰」,『甑山道思想』제4집, 47쪽 참조.

늘과 땅이 함께 쓰인다. 그래서 개벽이란 '하늘과 땅이 열림[天地開闢]' 혹은 '하늘이 열리고 땅이 열림[開天闢地]'의 줄임말이 되는 것이다. '하늘과 땅의 열림'이라는 의미에서 개벽이란 말을 처음 쓰기 시작한 사람은 중국 한 나라 때 사람 양웅揚雄이다. 그는 정치, 경제, 사회, 역사, 문화, 교육, 군사 등 제반 제도와 문물을 총망라하여 정리한 『법언法言』에서 "만약 무력으로 본다면 하늘과 땅이 열린 이래 진나라만큼 강대한 나라는 없다."[130]고 말한다.

양웅과 동시대 사람 왕충王充도 "하늘이 열리고 땅이 열린 뒤 인황이 있은 이래 사람들은 수명에 따라 죽는다."[131]고 표현했다. 양웅이나 왕충은 개벽을 우주의 탄생과 유사한 뜻으로 기록한 것이다. 특히 왕충은 '기일원론氣一元論'의 우주론을 전개한다. 이는 우주가 일기로부터 개벽되어 시작되었음을 함축한다. 즉 근원적인 원기元氣가 있었고, 이것이 분화되어 하늘과 땅이 열렸다는 뜻이다. 개벽으로 드러난 하늘과 땅은 인간을 포함하여 만유를 생육하고, 만유의 생명은 기를 부여 받음으로써 살아가는데,[132] 인간은 수명에 따라 산다는 의미가 포함되어 있다.

---

130 "如觀兵 開闢以來 未有秦也."(揚雄, 『法言』卷五, 「寡見」; 천병돈, 「'천지개벽'에 관한 문헌적 고찰」, 『甑山道思想』제4집, 50쪽 재인용.)

131 "天地開闢 人皇以來 隨壽而死."(王充, 『論衡』, 「論死」; 천병돈, 「천지개벽에 관한 문헌적 고찰」, 『증산도사상』제4집, 52쪽 재인용.)

132 "天稟元氣"(王充, 『論衡』, 「超奇」 참조) ; "一天一地 竝生萬物 萬物之生 俱得一氣."(王充, 『論衡』, 「齊世」 참조.)

하늘과 땅의 열림이란 뜻에서 "개벽"이란 용어는『후한서後漢
書』에도 등장한다. "만고에 없는 역적인 동탁이 왕실을 뒤엎어 전
범을 불태우고 그 흔적마저도 없앴으니 개벽 이래 이토록 잔혹함
이 심한 적이 없었다."[133]는 주장은 한漢 대 이후의 우주론을 형성
하게 되는 계기가 되는데, 이는 대체로 '기일원론'의 입장에서 개
벽론으로 전개되고 있다.

'기일원론'의 사고를 근거로 하여 하늘과 땅이 열린 이래에 인
간 및 '신령'이 있었다는 주장도 등장한다. 그런 주장은 한漢 나라
때의 왕부王符가 내놓은 이야기다. 그는 "하늘과 땅이 열리자 신
령과 백성이 있었다. 인간과 신령은 각기 종사하는 바가 다르지만
그 정기는 서로 통한다."[134]라고 했다. 여기에서 왕부가 전하고자
하는 내용은 다음과 같다.

개벽으로 인해 신령과 인간 및 만유의 생명들이 출현했다. 인간
의 삶은 재앙이나 복을 불러오기도 하는데, 그 운명은 순조롭기
도 하고 역경에 휘말리기도 한다. 인간에게 닥치는 이와 같은 길
흉吉凶은 가늠하기 어렵기 때문에 세속의 무축巫祝들은 신령에게
묻는다. 그러나 성현은 일반 사람들과는 달리 덕행과 꾸준한 학

---

133 『後漢書』「應邵傳」, "逆臣董卓蕩覆王室 典憲焚燎靡有孑遺, 開闢以來莫
或玆酷"(양재학,『증산도사상』제4집,「후천개벽의 필연성」, 269 재인용.)
134 "天地開闢有神民 民神異業精氣通."(王符,『潛夫論』,「卜列」; 천병돈,『증
산도사상』제4집,「천지개벽에 관한 문헌적 고찰」, 54쪽 재인용.)

습을 통해 신령의 뜻을 알 수 있는 능력을 갖추게 된다. 성현과 무축의 차이가 그것이다. 즉 능력을 갖춘 성현은 신령의 뜻을 혼자만 독점하기를 원치 않기 때문에, 복서卜筮를 만들어 사람들이 자신의 행위와 운명, 길흉을 알 수 있도록 했다는 것이다.[135]

천지 개벽론은 신화神話적인 형태로 기록되어 전하기도 한다. 한漢 나라 초기의 『회남자淮南子』의 기록이 그것이다. "옛날, 아직 천지가 생겨나지도 않았을 때, 세계의 모습은 그저 어두운 혼돈뿐으로 어떠한 형상도 찾아볼 수 없었다. 그 혼돈 속에서 서서히 두 명의 대신大神이 나타났는데, 하나는 음신陰神이요 다른 하나는 양신陽神으로, 둘은 혼돈 속에서 열심히 천지를 만들어갔다. 후에 음양이 갈라지고 팔방八方의 위치가 정해져, 양신은 하늘을 관장하고 음신은 땅을 다스리게 되었으니, 이렇게 하여 우리들의 이 세계가 만들어지게 되었다."[136]는 것이다.

중국의 일반적인 천지창조론은 삼국시대의 오吳 나라 사람 서

---

135 천병돈, 「천지개벽에 관한 문헌적 고찰」, 『증산도사상』제4집 55쪽 참조.
136 "古未有天地之時, 唯象無形 窈窈冥冥. 有二神混生 經天營地. 於是乃別爲陰陽, 離爲八極."(『淮南子』「精神篇」; 위앤커 지음, 전인초·김선자 옮김, 『중국신화전설』역주본 1, 144쪽 재인용.) 작용인의 측면에서 보면 회남자의 개벽론은 기존의 개벽론과는 달리 논리적인 설명에 있어서 진일보한 것으로 나타난다. 그것은 원초적으로 아무런 형체도 규정되어 있지 않았던 혼돈의 '일기'에 규정성의 원리가 되는 음양의 대립적인 두 힘, 즉 음신과 양신이 나타나 하늘과 땅의 기운으로 갈라놓고, 하늘 기운과 땅의 기운이 조화하여 인간을 포함하여 만유의 생명이 창조되었음을 뜻하기 때문이다.

정徐整이 기록한 설화에 근거한다. 서정은 남방민족의 '반고盤古'[137]의 전설을 바탕으로 『삼오역기三五歷記』를 지었다. 여기에 나타난 반고는 천지를 개벽한 자이다. 중화민족은 반고를 신화적인 형태로 창조해 내서 천지의 개벽과 우주의 생성에 관한 문제에 대해 합리적인 해답을 얻게 된 것이다. 그 내용의 핵심은 다음과 같다.

하늘과 땅이 갈라지지 않았던 시절 우주의 모습은 다만 어둠 속의 한 덩어리인 혼돈으로 마치 무한히 큰 달걀과 같은 것이었다. 반고는 바로 이 달걀 속에서 잉태되었다. 반고는 달걀 속에서 태어나고 자라나 곤하게 잠을 자며 18,000년을 지냈다. 그러다가 어느 날 잠에서 깨어나 눈을 떠 보니 아무 것도 보이지 않고 다만 흐릿한 어둠뿐이었다. 그래서 반고는 큰 도끼를 갖고 와서 어두운 혼돈을 향해 힘껏 휘두르자 달걀이 깨지게 되었고, 그 속에 있던 가볍고 맑은 기운은 점점 위로 올라가 하늘이 되었으며, 무겁고 탁한 기운은 가라앉아 엉기어 땅이 되었다. 18,000년 동안이나 거대한 반고가 마치 큰 기둥과 같이 하늘과 땅 사이에 버티고 있어서 다시는 하늘과 땅이 어두운 혼돈으로 합쳐지지 못하게 되

---

137 중국 서남西南 소수민족 중의 하나인 동족侗族의 민가民歌인 "開天關地歌"에도 비슷한 내용이 있다 : "又是盤古開天地, 開天關地生乾坤, 生得乾坤生萬物, 生得萬物人最靈, 四大名山爲境界, 天上日月分陰陽."(위앤커 지음, 전인초·김선자 옮김, 『중국신화전설』역주본 1, 254쪽 역주 ⑥번 재인용.)

었다.[138]

하늘과 땅이 갈라진 후 18,000년이 지나자 반고는 쓰러져 죽어 갔다. 그러자 그의 입에서 나온 숨길은 바람과 구름이 되었고, 목소리는 천둥소리로 변했으며, 왼쪽 눈은 태양으로 오른쪽 눈은 달로 변했고, 손과 발 그리고 몸은 대지의 사극四極과 오방五方의 빼어난 산이 되었으며, 피는 강물이 되고 살은 밭이 되었으며, 머리카락과 수염은 하늘의 별로 변했다.[139] 즉 죽어서 변신한 반고의 기운은 일월성신日月星辰을 비롯한 만물이 되고 사시四時로 운행되었다는 것이다.

여기까지 필자는 중국의 고대 문헌을 중심으로 우주론적 시각에서 '맨 처음 하늘과 땅이 창조되었다[開天闢地]'는 뜻의 개벽을 여러 각도에서 고찰해 보았다. 특히 중국의 한대漢代 이후에 등장하는 개벽사상은 대체로 '기일원론'을 바탕에 깔고서 우주론적 의미의 개벽관을 제시하고 있다. 한 대 이후에는 이러한 사상을 근거로 하여 개벽사상이 여러 분야의 의미로 전화轉化되어 사

---

138 "天地混沌如. 雞子 盤古生其中 萬八千歲. 天地開闢 陽淸爲天 陰濁爲地 盤古在其中 … 如此萬八千歲. 天數極高 地數極深 盤古極長, 故天去地九萬里."(『太平御覽』卷2, 引『三五歷記』; 위앤커 지음, 전인초·김선자 옮김, 『중국신화전설』역주본 1, 154-155쪽 재인용 참조.)

139 "首生盤古 垂死化身, 氣成風雲, 聲爲雷霆 左眼爲日 右眼爲月, 四肢五體 爲四極五岳, 血液爲江河, … 肌肉爲田土, 髮髭爲星辰."(『繹史』卷1, 引『五運歷年記』; 위앤커 지음, 전인초·김선자 옮김, 『중국신화전설』역주본 1, 155쪽 주7번 재인용.)

용되었음을 추론해볼 수 있을 것이다.

개벽에 대한 수운의 정의

개벽에 대한 수운의 입장은 어떤 의미일까? 그가 말하는 개벽은 '하늘과 땅의 질서가 새롭게 열린다'거나 '새로운 세상이 열린다'는 뜻으로 정의되고 있다. 이는 중국 고대의 문헌에 기록된 '하늘과 땅의 탄생', 즉 일종의 '우주의 시작'과는 근본적으로 다른 의미가 포함되어 있다고 할 수 있다. 수운의 개벽관은 하늘과 땅이 생겨나기 전에 혼돈의 상태였는데, 먼저 하늘과 땅이 창조되고, 다음에 인간을 포함하여 만유의 생명이 탄생하게 됐다는 그런 시원적인 의미와는 거리가 있다는 얘기다. 오히려 하늘과 땅의 운행질서가 새로운 체제로 바뀜으로써 '새로운 운수가 이끌어가는 세상이 열린다'는 의미에 가깝다고 할 수 있다.

우선 수운이 말하는'개벽'의 용례를 검토해 보자. 개벽의 직접적인 표현은 한문으로 쓰인『동경대전』에는 보이지 않고 한글로 된『용담유사』에서 4번 등장한다. ① "십이제국十二諸國 괴질운수怪疾運數 다시개벽開闢 아닐런가."(「안심가」와 「몽중노소문답가」), ② "개벽시開闢時 국초國初일을 만지장서滿紙長書 나리시고 십이제국十二諸國 다버리고 아국운수我國運數 먼저하네."(「안심가」), ③ "한울님 하신말씀 개벽후開闢後 오만년五萬年에 네가 또한 첨이로다. 나도 또한 개벽이후 노이무공勞而無功하다가서 너를 만나 성공

成功하니 나도 성공 너도 득의得義 너희집안 운수運數로다."(「용담가」)가 그것이다.

먼저 ①에서 의미하는 뜻을 요약해 보자. '십이제국'은 수운이 살았던 시대에 지구촌의 여러 국가들이 있지만 특히 강대국을 상징하여 지칭한 것이다. '괴질운수'란 쇠운에서 성운으로 넘어가는 정점에서 원인도 알 수 없는 괴질이 들어와 인류가 속절없이 죽을 운명에 놓여 있음을 함축한다. '십이제국 괴질운수'는 강대국은 물론이고 지구촌 인류 모두가 괴질로 인한 문명의 병폐를 막을 길이 없다는 뜻이다. 이렇게 괴질이 만년하게 되는 때가 '다시개벽의 시기'이다. 이때에 절대자 천주는 괴질을 극복할 수 있는 무궁한 도법을 인류에게 내려주고, 쇠운의 극점에서 '다시개벽'으로 열리는 성운을 맞아 그에 합당한 대도를 내어 새 세상을 주도하게 한다. 이것이 '다시개벽'의 올바른 뜻이다.

②의 뜻을 직접적으로 풀이해 보자. '개벽시'란 ①의 다시개벽이 되는 때를 말하고, '국초일'은 다시개벽으로 형성되는 국가의 초기를 의미한다. 양자를 결합해볼 때, "개벽시 국초일"[140]은 수

---

140 김형기는 ①의 "개벽시"를 '조선 왕조가 시작된 때'로 하고, 하원갑에서 상원갑으로 전환하는 시점을 ②의 "다시개벽"으로 봄으로써 개벽의 의미를 해석하고 있다. 그는 "수운은 조선이 개국되어 4백년이 지난 당시를 하원갑이라고 하였다. 하원갑이라는 말은 당시의 상황을 표현한 것이고, 상원갑의 호시절이 도래할 교체의 시점이었다."(『후천개벽사상 연구』, 21~24쪽)고 말한다. 이에 대한 근거는 「몽중노소문답가」의 "삼각산三角山 한양도읍漢陽都邑 사백년 지낸후後에 하원갑下元甲 이세상에…"와 "하원갑下元甲 지내거든 상원갑

운이 살았던 당시를 기점으로 하여 과거의 개벽으로 이룩된 국가 초기를 뜻하는 것이 아니라 앞으로 열리는 새로운 국가 초기를 뜻한다고 봐야 한다. "만지장서滿紙長書"란 다시개벽 때에 천주가 내리는 진리 말씀을 기록한 글이다. 그리고 "십이제국 다버리고 아국운수 먼저하네."의 뜻은 다시개벽의 때에 만지장서를 내려서 괴질로 인한 문명의 병폐에서 생명을 구하는데, 강대국들 보다는 아국의 운수를 우선한다는 뜻이다. 이를 정리하면, 쇠운의 극점에서 괴질로 인해 인류가 죽어갈 때, 절대자 천주는 인류 구원의 법방인 만지장서를 내려서 우리나라를 괴질의 운수에서 구하여 지구촌의 중심이 되는 새로운 세상의 국가를 연다는 뜻이다.

따라서 ①의 "다시개벽"과 ②의 "개벽시"는 같은 의미의 개벽을 뜻한다. 즉 ①과 ②의 내용에서의 개벽은, 수운이 살았던 당시의 시점을 기준으로 볼 때, 그 이후에 일어나게 되는 미래의 역사를 뜻하며, 둘 다 '쇠운의 극점에서 괴질의 운수에 처해 있는 말세의 세상을 끝맺고 다시 성운을 맞이하는 새로운 세상을 연다'는 뜻의 '다시개벽'으로 집약된다.

③의 "개벽후"는 ①과 ②에서 말한 '다시개벽'과는 의미가 다

上元甲 호시절好時節에 만고萬古없는 무극대도無極大道 이세상에 날것이니" 를 들고 있다. 그러나 필자는 '개벽시'를 '만지장서'와 연결지어 달리 해석한 다. 즉 개벽시는 선천의 극점에서 후천으로의 전환기를 말한다. 이 때가 바로 상원갑 호시절이며, 절대자 천주는 괴질을 극복할 수 있는 대도를 만지장서에 담아내려 아국을 구한다는 뜻이다.

른 것임을 말해주고 있다. 왜냐하면 '후'와 '다시'란 용어는 시간적인 선후 관계를 전제하기 때문이다. ③의 "개벽후"는 수운 당시를 기점으로 볼 때 앞서의 개벽이 있었고, 그 후 오만 년이 지났다는 뜻에서 그 시점이 오만 년 전의 개벽을 지칭한다. 천주는 오만 년 전에 개벽으로 세상을 열어놓고, 우주의 만유가 천주의 도에 근거하여 운행되고 있음을 인류에게 알리려 노력했으나 아무런 공적을 남기지 못하고 있었는데, 바로 그 개벽이후 오만 년이 지나서야 천주가 수운을 만났다는 것이 '개벽후'의 뜻이다. 선개벽이 있은 후 오만 년이 지난 경신년에 이르러 수운은 신비체험을 통해 절대자 천주를 직접 만났다. 수운을 만난 천주는 그에게 대도를 내리면서 천주의 존재를 세상에 알리고, 쇠운의 정점에서 ②의 다시개벽 직전에 괴질 운수에 처한 백성들을 구하여 성운이 도래하는 새로운 세상으로 인도하도록 천명을 부여했던 것이다. 이것이 성사되어야만 천주는 수운을 만나 오만 년 만에 성공하고, 수운도 천주를 만나 성공하게 된다는 내용이다.

요약하자면 ①과 ②의 개벽은 미래에 세상이 새롭게 열린다는 의미의 다시개벽을 뜻하고, ③의 개벽은 오만 년 전에 있었던 과거의 개벽을 의미한다. 이는 "개벽후" 오만 년 만에 "다시개벽"이 있게 된다는 뜻이다. 수운이 살았던 시대를 기준으로 시간적인 과정의 선·후 관계를 고려해 본다면, 오만 년 전에 만유의 생명이 생장 분열로 치달을 수 있도록 하늘과 땅의 질서가 열린 선개벽

先開闢이 있었고, 오만 년이 지난 지금 만유의 생명이 수렴 통일로 가도록 하늘과 땅의 질서가 다시 새롭게 열리는 후개벽後開闢이 있다는 것이다. 수운의 개벽관은 분명히 선개벽과 후개벽을 염두에 두고 있고, 천주로부터 받은 천명이 개벽의 진리로 완성된다고 한 뜻은 바로 다시개벽을 뜻하는 후개벽을 두고 하는 말이다.

다시개벽의 성운盛運

수운은 어떤 근거에서 후개벽(다시개벽)으로 인한 성운이 도래함을 말하게 되며, 성운이 뜻하는 의미는 무엇인가? 이에 대한 논의는 천도의 운행에 근거한 운수론運數論을 분석해보면 그 핵심이 명백히 드러난다.

수운에 의하면 천지만물은 물론이고 인간 세계의 문명사 또한 '한번 융성하면 반드시 쇠퇴하기[一盛一衰] 마련'이라는 "성쇠盛衰"의 법도를 결코 벗어나지 않는다. 그것은 그가 「포덕문」에서 상고 이래로 봄에서 여름, 여름에서 가을, 가을에서 겨울로 서로 갈마들어 4계절의 성쇠는 바뀌지 않고 질서 있게 돌아가고 있다는 우주론에서 확인할 수 있다. 사시사철이 변함없이 운행되고 있음은 바로 천주가 천도天道를 무위이화로 주재함에 근거한 것이다. 이러한 천주의 도[天道]에 근거하는 성쇠의 법도는 순환성을 본성으로 한다. 즉 만유의 존재는 융성의 극에 이르면 쇠락하고, 쇠락의 극에 이르면 다시 융성으로 돌아오기 마련이다.

성쇠의 법도는 바로 '시운時運'[141]에 따라 전개되어 펼쳐진다. '시운'은 논리적으로 말해서 '천시天時'와 '천운天運'으로 분석하여 파악할 수 있다. 천시는 시간적인 의미에서 천지가 돌아가는 때의 흐름을 말하고, 천운은 천시에 대응하여 드러난 공간적인 의미의 운수를 뜻한다. 우주론의 측면에서 볼 때 이는 마치 사시에 대응하여 사철이 펼쳐지는 이치와 같다. 즉 천시의 순환질서는 곧 천운의 순환질서와 맞물려서 돌아가는 것이다. 수운이 "천운天運이 순환循環하사 무왕불복無往不復 하시나니."(「용담가」)라고 밝힌 것은 이를 두고 하는 말이다.

천운은 융성하는 운과 쇠락하는 운이 서로 번갈아 이어져 순환하는 운수이다. 「권학가」에서 수운이 "쇠운衰運이 지극至極하면 성운盛運이 온다."고 한 것이 그것이다. 쇠락하는 운수가 극에 달하면 다시 융성하는 운수로 급전急轉하게 되는데, 이것이 이른바 개벽이 일어나는 존재론적인 근거가 되는 것이다. 바꾸어 말하면, 선개벽으로 열린 운수가 그 정점에 이르게 되면 그 운이 다하고 다시 새로운 운수가 열린다. 이것이 후개벽이다. 선개벽에서 후개벽으로의 전환은 바로 쇠하는 운수가 나가고 성하는 운수가

---

141 '개벽開闢'이란 용어가 4번에 한정하여 쓰였다 점과는 달리, 시운, 혹은 '천시天時'나 '천운天運'이란 용어는 『용담유사』의 여덟 편에 자주 등장하여 사용 빈도수가 가장 많은 개념이다. 그것은 수운이 살았던 시대를 기점으로 하여 선개벽 이후 후개벽이 오게 되는 운수에 처해 있음을 드러내기 위해서였을 것으로 판단된다.

들어오게 된다는 것이 수운의 입장이다.

그런데 수운은 "애석하구나! 지금의 세상 사람들은 시운時運을 알지 못하고 있다."[142]고 한탄한다. 시운을 모르는 세상 사람들에 대해 수운이 한탄한 까닭은 그들이 천시를 모르니 천운을 알지 못할 것이고, 천운을 알지 못하니 후개벽(다시개벽)으로 말미암아 다시 성하는 대운大運이 도래함을 모르게 되기 때문이라는 것이다. 그래서 수운은 「용담가」에서 "어화세상 사람들아 무극지운無極之運 닥친줄을 너희어찌 알까보냐."라고 설파하고 있다.

여기에서 '무극지운'이란 다함이 없는 최고의 성운盛運을 뜻한다. 성운으로 돌아드는 후개벽기에는 새로운 대도가 출현하게 됨을 함축한다. 이는 기존의 가치체계를 이끌어 왔던 도道를 가지고는 후개벽으로 열리는 성운을 주도할 수가 없음을 뜻한다. 즉 이미 지나간 시기의 도는 선개벽으로 열린 세상의 운수를 주도해 왔으나 후개벽으로 열린 세상은 무극지운에 걸 맞는 새로운 도, 즉 무극대도無極大道만이 이를 주도할 수 있다는 얘기다. 이 논의를 문명사적인 차원에서 적용하여 볼 때, 수운이 「교훈가」에서 "유도불도儒道佛道 누천년累千年에 운運이 역시亦是 다했던가."라고 말한 것은 바로 이를 두고 하는 말이다. 따라서 수운의 운수 순환론에서 후개벽기에 무극지운에 걸 맞는 대도의 출현은 필연

---

142 "惜哉 於今世人 未知時運."(『東經大全』「布德文」)

적인 귀결이 된다.

무극지운에 걸 맞는 도道는 무극대도無極大道 뿐이다. 무극대도
란 '더 이상이 없는 지존의 도'라는 뜻을 함유한다. 이러한 대도
는 절대적인 천주를 제외하고서는 어느 누구도 흉내 낼 수 없는
없는 무상의 대도이다. 후개벽의 성운을 주도적으로 이끌어갈 무
극대도의 출현 또한 당연히 시운에 의한 것이다. 이에 대하여 수
운은 「권학가」에서 "홀연히 생각하니 시운時運이 둘렀던가. 만고
없는 무극대도 이세상에 창건創建하니 이도역시亦是 시운時運이
라."라고 말하였다.

수운은 시운에 의거해서 절대적인 천주로부터 부름을 받아 세상
에 나왔고, 후개벽의 대운을 주도하는 천주의 무극대도를 받아 세
상에 펼치라는 사명을 갖게 된 것이다. 이는 "나 역시 공이 없는 까
닭에 너를 세상에 보내어 이 법으로 사람들을 가르치게 하나니 의
심하지 말고 의심하지 말라."[143]는 표현에서 확인할 수 있다.

그러므로 수운이 말한 다시개벽은 후개벽을 직접적으로 일컫
는 말이다. 후개벽은 쇠운의 정점에 도달한 시점에서 천운이 돌아
성운으로 돌아드는 다시개벽이기 때문이다. 후개벽기에는 무극

---

143 "余亦無功, 故生汝世間 教人此法, 勿疑勿疑."(『東經大全』「布德文」) 천
주가 '수운을 세상에 내보냈다'는 사실은 인간으로 온 천주가 "모악산 금산사
미륵금상에 임하여 30년을 지내면서 최수운崔水雲에게 천명天命과 신교神敎
를 내려 대도를 세우게 하였더니"(『도전』2:30:13)라고 한 것에서 추론하여 알
수도 있다.

대도가 세상에 출현한다. 무극대도는 절대적인 천주의 도이다. 앞서 기술한 '시천주 주문'은 절대적인 천주의 실존을 확인하고, 천주의 대도를 깨칠 수 있는 실천방안이 됨을 알 수 있다. 즉 천주를 지극정성으로 모심으로써 천주와 소통이 이루어질 수 있고, 이로부터 천주의 무극대도를 깨치게 될 수 있다는 얘기다. 이러한 의미에서 수운은 다시개벽으로 열린 세상을 무극대도가 주도해나감으로써 이상세계가 건설될 것이라고 굳게 믿었던 것이다.

2) 원리로 알아보는 후천개벽

수운이 제시한 '다시개벽'은 곧 후천개벽後天開闢이라고 할 수 있다. 물론 후천개벽이란 말은 수운이 직접 쓰지 않은 용어이다. 그렇기 때문에 그의 저작 어디에서도 찾아볼 수 없는 개념이다. 그러나 일상적인 언어 사용의 용법으로 볼 때, '다시'라는 용어는 선·후의 시간 과정을 함축하기 때문에, 이에 근거해서 수운이 제시한 '다시개벽'은 곧 선개벽을 전제로 한 후개벽을 뜻한다고 말할 수 있다. 여기에서 후개벽에 '천天'자를 붙여 '다시개벽'을 후천개벽이라 할 수 있다는 얘기다.

수운의 '다시개벽'은 어떤 의미에서 후천개벽으로 표현할 수 있는 것일까? 그것은 오만 년 전에 일어난 개벽의 시간적 운상運象에는 '앞서 있는 하늘'이란 뜻의 선천先天을 붙이고, 다시개벽의 시간적 운상에는 '다음의 하늘'이란 뜻의 후천後天을 붙여서 선개벽을 선천개벽先天開闢으로, 후개벽을 후천개벽後天開闢으로 말할 수 있다면 가능할 것이다.

우주론적인 사고에서 볼 때 수운의 다시개벽은 곧 후천개벽을 뜻한다. 후천개벽은 어떻게 오는 것일까? 후천개벽의 이치를 역수원리로 밝혀내어 후천의 이상세계가 건설될 것이라고 주창한 철인이 있다. 다름 아닌 조선 말엽에 살았던 김일부金一夫[144]이다. 이에 대하여 증산상제는 "주역 공사는 이미 일부一夫 시켜서 봐 놓았노라."(『도전』 3:198:5), "최수운은 내 세상이 올 것을 알렸고, 김일부는 내 세상이 오는 이치를 밝혔으며, 전명숙은 내 세상의 앞길을 열었느니라. 수운가사는 수운이 노래한 것이나, 나의 일을 노래한 것이니라. 일부가 내 일 한 가지는 하였느니라."(『도전』 2:31:5-7)고 전한다. 다시 말해서 우주의 주재자 상제는 후천개벽기에 인간으로 오시어 오만 년 새 세상의 운수를 주도해 갈 후천개벽의 대도를 선포할 것임을 수운으로 하여금 세상에 알리도록 하였고, 일부를 세상에 내 보내어 그 이치를 역수원리로 밝혀 후천개벽의 정당성을 드러내도록 하였다는 것이다.

---

144 김일부金一夫는 1826(丙戌)년에 태어나 1898(戊辰)년에 73세로 천수를 마쳤다. 성은 김씨요, 이름은 항恒이다(초명은 재락在樂이고, 개명은 재일在一이다.) 자는 도심道心이고, 호는 일부一夫이다.(윤종빈, 『正易과 周易』, 53쪽 참조.

일부가 천명을 받아 작성하여 세상에 내놓은 후천개벽의 역수원리는 바로 『정역正易』에 압축되어 있다. 성역은 후천개벽이 오는 이치를 상수로 밝힌 역수원리이다. 그 역수원리가 밝히고자 한 핵심은 후천이 개벽되어 새로운 운행질서가 나온다는 것이다. 그것은 상극相克의 도가 주류를 이루었던 선천 말기의 쇠운이 마감되고, 후천개벽으로 다함이 없는 운수인 성운[무극지운無極之運]이 돌아들면서 이에 걸 맞는 만고에 없는 무상의 도[무극대도無極大道]가 세상에 출현하며, 상생相生의 도가 자연과 인간과 문명을 주도적으로 이끌어 나가게 된다는 뜻을 함유하고 있다. 이런 의미에서 보자면, 후천개벽은 선천개벽이래 인류가 염원해온 완성된 조화세상이 건설되는 것으로 이해할 수 있다.

필자는 이 장에서 선천 말기의 쇠운에서 후천개벽의 성운으로의 전환, 즉 후천개벽의 정당한 이치가 무엇인지를 밝혀볼 것이다. 먼저 우주론적 사상의 연원이 되는 도서圖書를 통해 '선천·후천'이란 용어가 어떻게 해서 동양철학의 역학에 등장하게 되었는가에 대한 과정을 검토해볼 것이다. 그런 다음 『정역』에서 일부가 밝힌 개벽의 이치, 즉 선천개벽으로 열린 세계의 이치가 선천의 역수원리였다면, 후천개벽으로 열리는 세계의 이치는 후천의 역수원리라는 것을 제시해볼 것이다. 후천의 역수원리를 파악함으로써 우리는 수운이 말한 다시개벽, 즉 후천개벽으로 열리는 세상이 왜 조화낙원의 세상이 되는가를 합리적으로 알 수 있을 것이다.

선·후천의 용어 검토

문명사에서 볼 때, '선천·후천'이란 용어가 언제부터 어떻게 쓰여지기 시작한 것인지를 명확히 밝히기란 그리 쉽지가 않다. 아마도 맨 처음 이 개념은 대체로 역易의 철학을 연구하는 자들에 의해 쓰였을 것으로 추정된다. 역철학易哲學의 관심은 주로 천지변화의 운상運象을 이해하여 체계적으로 밝혀내는 것에 있는데, 천지변화의 운상은 주로 상수象數로 나타낸다. 상수를 바탕으로 하여 역철학의 형이상학적 우주론을 체계적으로 구축하면서 선천·후천의 개념이 등장하게 되었을 것이라는 얘기다.

'선천·후천'이란 용어는 어느 때 누구에 의해서 대체로 쓰이기

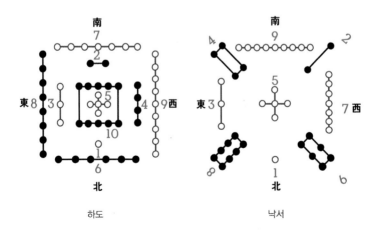

하도   낙서

시작했을까? 문헌의 기록으로 볼 때, 선·후천의 개념은 시기적으로 송宋대에서 시작한다고 볼 수 있다. 송대 역철학의 시작은 초기에 도가계통의 도사道士인 도남圖南 진단陳摶에서 비롯된다. 진단은 화산華山의 희이선생希夷先生[145]으로 불려지기도 하는데, 진단의 역철학은 북송의 소강절邵康節에 이르러 본격적으로 연구되었던 것이다.

도사였던 진단은 도서역학圖書易學에 상당한 관심을 기울였고, 처음으로 선천, 후천이란 개념을 사용한 것으로 보인다. 이에 대한 근거는 주여동周予同이 "진단은 도가에서 수련할 때 쓰는 그림을 얻었는데, 이로부터 태극太極·무극無極·하도河圖·낙서洛書·선천先天·후천後天 등의 말이 나오게 되었다고 한다."[146]고 말한 것에서 확인될 수 있다. 여기에 등장한 선천, 후천이라는 개념은 단순히 앞선 시대와 다음의 시대를 구분하는 뜻으로 쓰였을 것으로 짐작된다.

진단의 선·후천 개념은 '도서圖書'와 깊은 관련이 있다. '도서圖書'란 무엇을 뜻하는가? '도서'는 '하도河圖'와 '낙서洛書'에서 '도

---

145 진단은 자가 도남圖南이고 스스로 자신의 호를 부요자扶搖子라고 하였으며, 송宋 나라의 태조太祖로부터 '희이선생'이라는 칭호를 하사받았다.

146 "摶得道家修煉之道 因卛爲太極 無極 河圖 洛書 先天 後天等說."(周予同,『經學史論著選集』, 상해인민출판사, 152쪽; 김형기,『후천개벽사상 연구』, 74쪽 재인용.) 선천, 후천과 관련하여 "太卜三易之法 伏羲之易小成爲先天. 神農之易中成爲中天 皇帝之易大成爲後天."(『十寶周禮』)을 참조할 수 있다.

圖'와 '서書'를 따서 합한 이름이다. '하도'의 유래는 복희씨伏羲氏가 하늘을 이어 왕노릇 할 적에 용마가 황하에서 나오자 마침내 그 무늬를 본받아 팔괘를 그려 전하는 것이고, '낙서'는 우왕禹王이 홍수를 다스릴 적에 등에 무늬가 있는 신귀神龜가 나왔는데 등에 나열되어 있는 수數가 9까지 있으므로 이를 차례로 배열하여 것에서 유래한다.[147] 그래서 '하도'는 앞선 시대의 것으로 선천역이고, '낙서'는 뒤에 나온 것으로 후천역으로 볼 수 있다는 것이다.

진단은 '도서'를 고문에 밝았던 박장伯長 목수穆修에게 전했고, 목수는 정지挺之 이지재李之才에게 전함으로써 이지재는 도서상수 변화에 능통하게 되었다. 이후 이지재는 상수학에 밝은 소옹邵雍 강절康節(1011~1077년)에게 전하게 됨으로써 소옹은 도서역학에 많은 관심을 기울이게 된 것이다.[148]

천지변화의 운상을 체계적으로 밝히는 송대의 역철학은 도서역학에 근원을 두고 있음이 분명하다. 그러한 도서역학은 하도와 낙서를 역易의 핵심으로 삼기 때문이다. 하도와 낙서에 그려진 문양은 천지음양의 상象으로 보이는데,『주역周易』에서 천지변화를

---

147 "河圖者 伏羲氏王天下 龍馬出河 遂則其文 以畫八卦 洛書者 禹治水時 神龜負文而列於背 有數至九 禹遂因而第之 以成九類."(朱子,『周易』「易本義圖」참조.)

148 成百曉, 譯註,『周易傳義』上, 58쪽 참조 .

이루며 귀신을 부리는 것은 '도서'의 상象과 수數에 있다고 본다.

송 대에 도서역학이 본격적으로 연구되면서 선천·후천이라는 용어가 여러 의미로 사용되기 시작했다. 기본적으로는 복희가 그린 하도는 선천의 역도이고 문왕이 그린 낙서는 후천의 역도로 보았다. 주자朱子의 「역본의도易本義圖」에는 "소씨 설에 의거하면 선천이라는 것은 복희가 그린 역이고, 후천이라는 것은 문왕이 편 역이다. 복희의 역은 애초에 문자가 없고 도식만 있어서 상과 수를 붙였지만, 천지만물의 이치와 음양종시의 변화가 두루 갖추고 있고, 문왕의 역은 지금의 주역인데, 공자가 이른바 전을 지은 것이 이것이다."[149]라고 기록되어 있다.

복희가 그린 선천역도와 문왕이 그렸다는 후천역도에서 '선천·후천'의 개념은 앞서 진단이 생각했던 시간적인 순서의 의미에서 선·후천의 관계만은 아닐 것이다. 자연관의 관점에서 볼 때, 선천역은 우주자연의 창조변화에서 원래 나타나는 그대로의 것을 상수로 드러낸 역도이며, 후천역은 선천역을 자연과 인사의 변화에 적용할 수 있도록 고쳐서 상수로 정리한 역도라는 뜻에서 선·후천 개념이 사용되고 있는 것이다. 이를 체용體用으로 말해 본다면, 곧 복희의 선천역이 '체體'가 되고, 문왕의 후천역이 '용用'이

---

149 "先天者 伏羲所畵之易也, 後天者 文王所演之易也. 伏羲之易 初无文字, 只有一圖 以寓其象數而天地萬物之理 陰陽終始之變 具焉. 文王之易 卽今之周易而孔子所爲作傳者是也."(朱子, 『周易』「易本義圖」)

된다고 할 수 있는 것이다. 이에 대하여 주자는 "복희 팔괘는 수의 자연이고, 문왕팔괘는 용에 나타난 것이다. 혹자는 말하기를 선천은 천지의 당연한 이치를 모사하였으니 순전히 천리라는 것이요, 후천은 천지의 당연한 이치를 정돈하였으니 인사를 참작한 것이라 한다. 그 뜻이 진실로 좋다."[150]고 기록하고 있다.

자연관의 관점에서 본 선천역도 후천역도의 체용體用 관계는 새로운 의미가 첨가되어 기술되기도 했다. 통치시대의 관점에서 본 선천과 후천이 그것이다. 공자가 인문주의 통치 이념을 세우면서 유학의 가장 이상적인 통치이념의 모델로 삼은 것은 요·순 시대이다. 인문주의 전통을 세우면서 공자는 요임금이 가장 모범적으로 국가를 통치한 임금이라는 뜻에서 선천의 시대라 하고, 이후의 제왕들은 요임금의 통치원리를 이상형으로 따르려 했다는 뜻에서 후천의 시대라고 했다. 이에 대해 소옹은 "요임금 때는 선천이요 요임금 이후는 후천인데, 후천은 곧 선천의 법을 본받을 뿐이다."[151]라고 말한다.

자연관의 관점에서 본 선천과 후천의 체용의 문제는 심론心論에도 적용되기도 하였다. 인간의 마음을 선천이라 하고 그 마음

---

150 "伏羲八卦 是數之自然, 文王八卦 乃是見之於用. 或爲先天 乃模寫天地所以然, 純乎天理者也, 後天 乃整頓天地所當然之理, 參以人事. 此意固好."(朱子, 『周易』「易本義圖」)

151 "堯之乾 先天也, 堯之後 後天也, 後天乃效法耳."(邵康節, 『皇極經世書』「外篇」上)

을 써서 행위로 나타나는 것을 후천으로 보는 것이다. 이런 의미에서 소옹은 "선천의 학은 마음이요 후천의 학은 그 자취이다."[152]라고 말한다. 심지어 인간의 탄생 전과 후를 나누어 "인간으로 태어나기 이전을 선천이라 하고, 그 이후를 후천이라 하는 생리적인 의미에서 선후천관이 있다."[153]는 선·후천관이 있다.

역학의 원리에서 소강절이 선천과 후천을 규정하는 것과는 달리 주기론主氣論의 우주론적 관점에 체용의 논리를 적용하여 선천과 후천을 말하는 학자도 등장했다. 대표적으로는 조선 중기의 성리학자 화담花潭 서경덕徐敬德(1489~1546)을 들 수 있겠다. 그는 소강절의 역학 원리를 완전히 터득하고, 주돈이周敦頤(1017~1073)에서 출발하여 장횡거張橫渠(1020~1077)로 이어지는 학통을 연구했다. 이 학통에서 주장하는 주요 학설은, 천지만물의 창조변화란 단순히 일기一氣의 이합집산離合集散에 지나지 않는데, 여기에서 태허太虛는 근원의 체體가 되고 기氣의 운동은 창조변화의 용用이 됨을 밝히는 것이다. 따라서 송대 성리학을 완전히 소화했다고 평가되는 화담은[154] 소강절의 선·후천 개념을 여기에 적용한 것

---

152 "先天之學 心也, 後天之學 迹也."(邵康節, 『皇極經世書』「外篇」上)

153 양재학,「후천개벽의 필연성」『甑山道思想』제4집, 270쪽.

154 조선 역학사상에 있어서 체계적인 이해는 여말의 우역동(禹倬, 1262~1342)에서 시작한다. 이후 한국풍의 역학은 조선조 초기 화담을 거쳐 토정土亭 이지함李之菡에 이르고, 이후 고청孤靑 서기徐起(1523~591)에 의해 후대 역학에 전승되었으며, 『정역』에 이르러 그 특징이 완전하게 드러난다.(윤종빈,『正易과 周易』, 86-87쪽 참조.)

이다.

화담은 천지만물의 궁극적인 시원始元은 오직 하나의 기[一氣]라고 주장한다. 그는 일기에 대해서 그것을 '체體'에서 보자면, '맑고 형체가 없는 태허太虛라고 규정한다. 태허를 그는 만물이 생성하기 이전이라는 뜻에서 선천先天이라고 했다. 태허의 크기는 바깥에 한계가 없고, 그것에 앞서 시작한 바가 없기 때문에 그 유래를 가히 궁구하여 알 수 있는 것이 아니다. 다만 태허의 맑고 허虛하고 고요한 것[靜]이 기의 근원이다. 선천의 태허는 무한히 퍼져 있어서 한계가 없으며, 일호一毫의 빈틈도 없이 충만한 것이어서 비거나 빠진 데가 전혀 없다. 그러나 그것을 손으로 뜨거나 잡을 수 있는 것은 아니다. 그렇다고 해서 그저 무無라고 할 수 있는 것이 아니다.'[155] 태허는 '허虛'이면서 '허하지 않은 실재'이다. 이 허가 곧 '기氣'이다. 그렇다고 이 '허'에서 '기'가 생겨난 뜻은 아니다. 맨 처음은 시작이 없고 그 크기는 바깥이 없으며 그 유래를 알 수 없는 담연무형淡然無形한 '허'가 곧 기인 것이다[허즉기虛即氣].

선천의 태허가 용사한 것이 바로 후천이라고 화담은 말한다. 즉 태허의 '기'가 분화되어 천지만물이 생성 변화되는데, 이것을 후

---

155 "太虛 湛然無形, 號之曰先天, 其大無外, 其先無始, 其來不可究, 其淡然虛靜 氣之原也. 彌漫無外之遠, 逼塞充實無有空闕, 無一毫可容間也. 然挹之則虛 執之則無. 然而却實不得謂之無也."(徐敬德, 『花潭集』「原理氣」 참조.)

천이라고 한 것이다. "일기가 분화하여 음양이 된다. 양이 극단에 까지 고취하여 하늘이 되었고, 음이 극단에까지 응집하여 땅이 되었다. 고취된 양의 극에 정精이 맺힌 것은 해가 되었고, 응축된 음의 극에 정이 맺힌 것은 달이 되었다. 양의 극에 남은 정은 분산해서 성신星辰이 되었고 땅에 남은 정은 불과 물이 되었다. 이것을 후천이라 부르니, 곧 (일기가) 용사한 것이다."[156]

화담은 기일원론氣一元論의 사유체계를 일관하고 있다. 그는 일기로부터 천지만물의 창조되기 이전의 본체계를 선천이라 하고 창조된 이후의 현상계를 후천으로 말한 것이다. 천지만물의 본체는 '담연무형'한 '태허'이지만, 본체의 작용으로 인하여 하늘과 땅이 열려 만유의 존재가 창조된다. 여기에서 화담은 하늘과 땅이 열리기 이전의 본체를 선천으로 규정하고, 선천의 일기인 태허가 개벽이 되어 천지만물이 생성된 이후를 후천이라고 규정한 것이다. 이에 대해서 이형기는 "선천은 천지만물이 생성되기 이전의 원리를 말하는 것이고, 후천은 만물이 생성된 이후의 현상계를 뜻하였다. 천지창조라는 개벽을 기준으로 하여 이전은 선천이고 이후는 후천인 것이다."[157]라고 말한다.

---

156 "一氣之分爲陰陽. 陽極其鼓而爲天, 陰極其聚而爲地, 陽鼓之極結其精者 爲日. 陰聚之極結其精者爲月. 餘精之散爲星辰, 其在地爲水火焉. 是謂之後天, 乃用事者也."(徐敬德,『花潭集』「原理氣」)

157 이형기,『후천개벽사상 연구』, 77쪽.

선·후천 개념의 의미 적용에 관련하여, 송대 초기의 성리학적 체계에서는 복희의 역이 '체體'의 의미에서 천지만물의 창조 원리를 밝히고 있는 선천역으로 규정되었고, 문왕의 역이 '용用'의 의미에서 구체적인 현실로 용사되어 천지만물의 창조변화를 드러내는 후천역으로 규정됐다. 반면에 화담은 선·후천 개념을 우주론에 적용하여 본체의 의미에서 천지만물이 창조되기 이전을 선천으로 규정하고, 작용의 의미에서 창조된 이후를 후천으로 규정했다. 선·후천에 대한 화담의 사상은 물론 송대 성리학에서 연원한 것이지만, 우주론에 대한 근원적인 문제 해결을 위한 의미 전환이 이루어진 것이다.

후천 역도의 출현

선천과 후천의 용어를 말함에 있어서 새로운 차원의 의미로 규정한 이론이 등장한다. 선천의 역수원리가 과거에 출현한 주역에 담겨있다고 한다면 후천의 역수원리는 다시 새롭게 출현한다는 얘기다. 이와 관련하여 증산상제는 "주역周易은 개벽할 때 쓸 글이니 주역을 보면 내 일을 알리라."

●정역팔괘도

(『도전』 5:248:6), "일부가 내일 한 가지는 하였느니라."(『도전』 2:31:5)고 했다.

우선 증산상제가 언급한 일부는 누구인가? 다름 아닌 일부一夫 김항金恒이다. 그는 천재지변이 잇달고 내우외환에 허덕이면서 국운이 쇠퇴일로에 치닫던 조선 말엽에 살았던 인물이다. 수운이 진단한 세태의 원리로 말해본다면, 그는 선천 말기의 쇠운에서 후천의 성운으로 전환하는 개벽의 시점에 살았던 것이다.

일부는 일생동안 주역을 궁구하여 성리학자들이 말한 '선·후천'의 의미를 달리 정의하기에 이르렀다. 증산상제가 말한 "내일 한 가지", 즉 수운이 말한 '다시개벽'의 정당성을 이치로 밝힌 것이다. 이것이 『정역正易』에서 역수원리로 체계화하여 밝힌 후천개벽론이다.

후천개벽론을 담은 『정역』은 어떻게 해서 나온 것일까? 일부는 36세에 연담蓮潭 이수증李守曾(1808~1869) 선생을 사사師事하면서부터 학문적 전회를 가져오게 됐다고 한다. 젊은 시절에 그는 역학을 밝혀놓은 『주역周易』을 연구하였다. 연구 중에 그는 문왕의 역이 괘의 배치가 불완전하여 현실적으로 모순과 투쟁이 만연하게 됐음을 깨닫기에 이른다. 그래서 그는 심법전수의 핵심을 담은 『서전書傳』을 집중적으로 연구하여 1881년에 『정역』 서문인 「대역서」를 쓰고, 「정역팔괘」를 그렸으며, 1884년에 『정역』 「상경」을 쓴 뒤 1885년에 「하경」을 씀으로써 60세에 이르러 복희의 선천역과 문왕의 후천역의 한계를 극복한 『정역』을 완성했다.[158]

정역이란 무엇인가? 그것은 글자 그대로 '바른 변화, 바른 역'이란 뜻이다. 이는 천지변화의 원리를 상징하는 정역의 괘상이 바르게 배치되어 음양의 완전한 조화가 이루어짐을 나타낸다. 달리 말해서 정역이 출현하기 전까지는 천지 자연사는 물론이고 인간의 삶과 인류의 문명사 또한 음양이 서로 조화를 이루지 못하여 상극질서의 품에 묻혀 원억冤抑이 난무했었지만, 정역이 출현함으로써 건곤乾坤이 제 위치를 찾아 천하에 새로운 변화의 질서가 세워져 인간사의 정륜이 바로 잡혀 이상적인 화평이 실현될 것으로 일부는 확신했던 것이다.[159]

일부가 창안한 정역을 기준으로 볼 때, 정역의 출현 이전은 선천역도가 전개되는 시대요, 정역의 출현은 곧 후천역도가 전개되는 시대가 됨을 함축한다. 다시 말해서 "선천에는 상극의 이치가 인간 사물을 맡았으므로 모든 인사가 도의道義에 어그러져서 원한이 맺히고 쌓여 삼계에 넘치매 마침내 살기殺氣가 터져 나와 세상에 모든 참혹한 재앙을 일으켜 왔다."(『도전』 4:16:2-3) 하지만 정역은 상극으로 일관된 선천에서 후천으로의 변혁 소식, 즉 상생의 운수가 나오게 되는 후천개벽의 정당한 이치를 밝혀낸

---

158 윤종빈, 『正易과 周易』, 54쪽 참조.
159 李正浩, 『正易硏究』, 41-44쪽 참조.

것이다.

무극지운이 돌아드는 후천개벽의 도는 상생의 대도이다. 이에 대하여 증산상제는 "내가 이제 후천을 개벽하고 상생의 운을 열어 선善으로 살아가는 세상을 만들리라. 만국이 상생하고 남녀가 상생하며 윗사람과 아랫사람이 서로 화합하고 분수에 따라 자기의 도리에 충실하여 모든 덕이 근원으로 돌아가리니 대인대의大人大義의 세상이니라."(『도전』 2:18:3-5)고 말한다.

정역은 어떻게 해서 이상적인 세상이 열리게 되는 상생의 도를 말하게 되는 것일까? 그것은 하늘과 땅을 상징하는 건곤이 제자리를 찾아 위치함으로써 조화調和의 괘도卦圖가 짜여지고, 그럼으로써 하늘과 땅의 변화와 그 운행질서가 완전히 새롭게 바뀌어 조화를 이루기 때문이다. 이는 한마디로 말해서 역수원리의 개벽이라 할 수 있다. 역수원리의 개벽은 선천의 역수원리에서 후천의 역수원리로의 개벽, 곧 후천개벽이다. 왜냐하면 후천개벽의 이론적 정당성은 바로 정역의 역수원리에 있기 때문이다.

원역原易과 선·후천의 역도曆道

후천개벽의 이론적 정당성을 우리는 어떻게 제시할 수 있을까? 그것은 역도曆道로 밝히는 것이다. 그것을 일부는 『정역』의 서문에서 명백히 밝히고 있다. 그는 「대역서大易序」에서 "아아 거룩하도다. 우주의 변화가 무궁한 변화로 이루어짐이여! ① 역易이라는 것은 역曆이니 ② 역曆이 없으면 성인이 없고, 성인이 없으면 역曆 또한 없느니라. 그런 까닭에 ③ 순수원역과 미래의 역이 이른 바 내가 지은 것이니라."[160]고 선언한다.

①에서 일부는 『주역』에서 밝혀진 "역자는 상야라.[易者象也.]"라는 명제를 "역자는 역야라.[易者曆也.]"로 바꾸어 본질적으로 새로운 근본명제를 제시했다. 여기에서 '역曆'은 달력(책력)을 지칭한다. 달력은 일월日月의 운행에 따른 우주의 시간변화를 도수로써 표기한 것이다. 따라서 정역의 역은 기본적으로 천지의 생성변화가 '천지상수원리天地象數原理'에 의한 것이 아니라 시간대의 변화를 가리키는'일월역수원리日月曆數原理'에 의한 것임을 전제하고 있다. 정역에서 해명한 역수曆數는 우주만물의 변화 역사를 섭리하는 가장 근원적이며 포괄적인 시간의 원리를 밝힌 것이다. 즉 우주질서가 바뀌는 시간변화의 흐름을 역曆으로 말했던 것이 일부라는 얘기다.

시간변화의 흐름을 밝히는 역은 시명時命에 따라 밝힌 일부의 정력正曆과 과거에서 지금까지 써온 윤역閏曆으로 구분된다. 윤역은 윤달을 쓰는 세상이고, 정역正易은 정력正曆으로 '무윤역無閏曆'이다. 무윤역은 해와 달의 운행도수가 조화를 이루기 때문에

160 "聖哉, 易之爲易 易者曆也. 無曆無聖 無聖無曆, 是故 初初之易 來來之易 所以作也."(金一夫, 『正易』「大易序」)

윤달이 없는 세상이다. 달리 말해서 윤달을 쓴다는 것은 음양의 운행이 균형을 유지하지 못한 채 운행되기 때문에 자연질서, 문명질서, 인간질서 모두가 조화를 이룰 수 없음을 뜻한다. 반면에 윤달이 없는 정력은 음양이 합덕合德하여 운행되기 때문에 모든 것이 조화를 이루어 화평의 극치를 이룰 수 있다는 것이다. 윤달을 쓰는 세상을 서로 분란 투쟁으로 일관된 선천으로 규정한다면, 정력을 쓰는 세상은 조화로 일관된 후천으로 규정할 수 있다.

②에서 일부는 인류로 하여금 천명天命과 천시天時를 자각하여 실천하도록 하는 것이 곧 성인의 사명이라고 본다. "역이 없으면[無曆] 성인도 없다[無聖]."고 할 때 역수원리가 없으면 성인이 출현할리도 없다는 뜻이다. 이 명제는 천지역수원리에 근거하여 천명을 받은 성인이 인류역사 속에 출현함으로써 새로운 우주변화의 시간질서를 담은 역도의 이치를 밝혀준다는 뜻으로 이해할수 있다. 따라서 성인의 학은 역학이다. 성인은 인류역사 속에 출현하여 역수원리를 하나의 학문적 체계로써 드러낸다. 성인의 도통연원을 쫓아서 역도가 밝혀지고 새로운 역학이 나오게 되는 것이다.

우주질서의 시간대가 거대하게 변화할 때 시명時命에 따라 성인이 출현하게 됐다. 성인의 출현은 새로운 역도를 밝혀내어 우주질서의 변화신비와 인류가 어떻게 살아야 할 것인가에 대한 섭리를 인류에게 전해준다. "천지에 말이 있으니 일부가 감히 말한다. 천지가 말하고 일부가 말한다. 일부가 말하고 천지가 말한다."[161] 일부는 스스로를 성인으로 자처하고, 우주의 대 개벽의 시간대에 와서 성인으로서 우주변화질서의 내용을 밝혀준다는 것이다. 그래서 "정역正易이란 한마디로 후천역이며 매래역이며 제3의 역이다."[162]라고 할 수 있는 것이다.

선천역에서 후천역으로의 전환은 과거역過去曆에서 미래역未來曆으로의 교체이다. 이는 곧 과거의 달력에서 미래의 달력으로 전환함을 뜻한다. 지난 세상은 선천이며, 새 세상은 후천인데, 일부는 후천세상의 새로운 역수원리, 즉 후천개벽의 정당성을 새로운 시간질서의 변화 원리로 세상에 전한 것이다.

③에서 일부는 윤달이 없는 정력이 완전한 역임을 밝히고 있다. 그것은 일부가 "천지의 수는 일월을 도수로 규정한 것이니, 일월의 역수가 바르지 않으면 역이 될 수 없음이라. 역은 정역이라야 역이라고 할 수 있을 것이니, 원역이 어찌 항상 윤역 만을 쓰겠는가."[163]라고 말한 것에서 확인할 수 있다.

원역原易은 무엇인가? 그것은 태초의 역, 근원의 역이라 할 수

---

161 "天地有言一夫敢言. 天地言一夫言. 一夫言 天地言."(金一夫, 『正易』18쪽.)
162 이정호, 『正易과 一夫』, 325쪽.
163 "天地之數 數日月, 日月不正 易匪易. 易爲正易 易爲易, 原易 何常用閏曆."
(金一夫, 『正易』上經 22장 「正易詩」)

있다. 이를 일부는 '초초지역初初之易'으로 표현하고 있는데, '초초'에서 앞의 '초'는 순수원역을 강조하여 지칭한 것이다. 천지역수의 모든 변화는 원역의 원리 내에서 이루어지며, 원역의 원리에 맞추어 우주변화의 운행 질서가 전개되는 것이다. 일부는 원역의 원리를 인류 역사상 처음 지었다. 그래서 그는 원역을 가장 근원적인 존재로서의 태초의 역이라 한 것이다.

이러한 순수원역 원리는 현실 속에서 전개될 때에는 두 역易으로 드러난다. 그것은 윤달이 들어 있는 윤역閏曆과 윤달이 없는 정력正曆이다. 윤역은 음양이 조화를 이루지 못하고 분리되어 운행하는 불완전한 역이고, 정력은 음양이 합덕하여 조화를 이루어 운행하기 때문에 완전한 역이 되는 것이다. 윤역과 정력의 관계에 대하여, 윤역을 선천의 역이라 한다면 정력은 후천역이라 할 있다. 그리고 순수원역의 원리는 윤역과 정력, 즉 선천역과 후천역의 근원역리가 되는 것이다. 따라서 일부는 역학의 본질적인 변화지도로서 천지역수변화원리를 천명하고 '선·후천변화원리'를 내용으로 하는 역도의 본의를 완전히 밝혔다고 본 것이다.

역수曆數의 원리로 밝히는 선·후천 개벽의 이치

그럼 순수원역 원리[初初之易]는 그 변화수가 어떻게 전개되는가를 보자. 그것은 인류 역사의 근원이 되는 역으로 그 기수가 375도度를 일주기로 한다. 375도의 원역기수를 밝힌 인물은 일부가 처음이므로 이것을 '일부지기一夫之朞'라고도 한다. 이 '초초지역'을 바탕으로 해서 '제요지기帝堯之朞', '제순지기帝舜之朞', '공자지기孔子之朞'가 나온다. 제요지기는 요임금이 말한 도수이고, 제순지기는 순임금이 말한 도수이며, 공자지기는 공자가 말한 도수이다.

이들 세분이 제시한 기수朞數에 대하여 일부는 "제요지기는 366일이고 제순지기는 365와 4분의 1이니라. 일부지기는 375도이니 십오를 존공하면 바로 공자지기 360일이다."[164]라고 말한다. 부연하자면 "375도는 원역도수로서 정역에서 처음 구체적으로 천명한 기수임으로 이를 일부지기라고 한 것이요, 360도는 정역도수로 주역周易 계사繫辭의 건곤책수에서 이미 말한 것임으로 공자지기라 한 것이요, 366윤역도수는 서경 요전편에서 제요가 명언한 것임으로 제요지기라 한 것이요, 365도 사분의 1 윤역도수는 서경 순전 편에 준제가 칠정을 정제하고 사시일월의 운행도수를 재조정하여 당시에 변화된 역수를 밝히는 치력명시의 정사를 행하였음으로 제순지기라고 규정한 것이다."[165]

윤역의 일주기는 '제요지기의 366도'와 '제순지기의 365도 4분

---

164 "帝堯之朞 三百有六旬有六日, 帝舜之朞 三百六十五度四分度之一, 一夫之朞 三百七十五度, 十五尊空 正吾夫子之朞 當朞三百六十日."(윤종빈,『正易과 周易』, 123쪽.)

165 윤종빈,『正易과 周易』, 123쪽.

의 1'로 운행한다. 윤역은 음양이 고르지 못한 선천역이다. 그러나 순수원역은 선천의 윤역 만을 쓰지 않고, 음양이 합덕하여 그 조화가 완전하게 이루어지는 미래의 역(360도 정역)도 쓰게 된다. 즉 순수원역은 후천의 완전한 역, 즉 정역을 쓰게 되는 것이다. 정역은 375도 기수가 실제로 운행하는 역이 아니고 360도 기수가 운행하는 역이라는 것인데, 그것은 바로 순수원역의 15도를 본체로 하여 360도의 정역기수가 운행하기 때문이라는 것이다. 이에 일부의 정역은 음양이 분리하여 생장하는 제요지기의 윤역과 제순지기의 윤역의 세계를 선천이라 하고, 다시 이 윤역세계가 변화하면서 음양이 합덕함으로써 일부지기의 원역을 체로 하고 공자지기의 정역이 운행되는 세계를 후천으로 보았던 것이다.[166]

선천과 후천을 말함에 있어서 천지변화의 상수원리와 정역의 역수원리와는 어떤 관계인가? 앞서 밝혔듯이 복희팔괘는 천지만물이 태생胎生하는 원리를 표상한 것이고, 문왕팔괘는 상극질서에서 성장成長하는 원리를 표상한 것이다. 그것은 대체로 복희와 문왕의 괘도가 음양이 완전하게 조화 일치하는 완성의 세계를 표상한 정역괘도를 전제하기 때문이다. 달리 말하면 복희팔괘의 생역生易과 문왕팔괘의 장역長易을 계승하여 집약적으로 내포하면서 천지만물의 성상成象을 표상한 것이 바로 정역의 완성역完成易

---

166 윤종빈, 『正易과 周易』, 140쪽 참조.

이라는 뜻이다. 천지만물의 성장과 완성을 준거로 볼 때, 생장의 역은 음양이 고르지 못한 윤역으로 선천의 역이고, 완성의 역은 음양이 합덕하여 조화를 이루는 미래의 후천역이다. 따라서 전자를 표상하는 복희 문왕팔괘를 선천역이라 하고, 후자를 표상하는 정역팔괘를 후천역이라고 부르는 것이다.

일부는 성리학적 전통의 우주론적 의미를 탈피하여 후천개벽 사상을 합리적인 역수원리로 체계화한 것이다. 이는 선천개벽과 후천개벽사상이 일부의 선· 후천 역수원리로 정당화됨을 말해준 다. 이를 근거로 할 때 선천의 윤역에서 후천의 정력으로의 전환 은 후천개벽이 있게 됨을 역수론으로 입증한 것으로 본다. 즉 수 운이 제시한 '다시개벽', 즉 후천개벽의 당위성은 무리 없이 확보 되는 셈이다. 이는 앞서 인용한 "주역 공사는 일부一夫를 시켜서 봐 놓았노라."고 하거나, "일부가 내일 한 가지는 하였느니라."는 핵심 뜻이기도 하다. 한마디로 말해서 정역, 즉 미래의 후천역은 새로운 차원의 시간질서가 개벽됨을 전제하는 것이며, 이는 곧 상 생의 무극대도가 출현하여 조화 낙원의 완전한 세상이 개벽됨을 역수의 이치로 밝힌 것으로 볼 수 있다.

3) 후천 오만 년의 무극지운無極之運

　수운이 말한 '다시개벽'은 바로 후천개벽을 지칭한다. 후천개벽으로 열리는 새 세상은 오만 년의 시운, 즉 무극지운無極之運이 새롭게 돌아들어서고, 무극대도가 나와 새 세상을 주도하여 이끌어가게 된다. 후천개벽기에 이러한 시운의 도래와 무극대도의 출현에 관련해서 수운은 「용담가」에서 "한울님 하신말씀 개벽후開闢後 오만년五萬年에 네가 또한 첨이로다.", "어화세상 사람들아 무극지운無極之運 닥친줄을 너희어찌 알까보냐 … 무극대도無極大道 닦아내니 오만년지五萬年之 운수運數로다."라고 하였다. 여기에서 수운은 선천개벽으로 세상이 열려 오만 년이 지났고, 이제 앞으로 후천개벽으로 새로운 세상이 열려 오만 년의 운수가 지속됨을 밝히고 있는 것이다.

　선천에서 후천개벽으로 열리는 "무극지운"은 "오만 년 동안 지속하는 운수[五萬年之運數]"이다. 앞서 일부一夫가 제시한 역도의 관점에서 본다면, 선천개벽이 있은 후 지난 오만 년의 세상은 선천의 윤역閏曆이 주도해 왔기 때문에 음양이 균형을 이루지 못하였고, 그로 인해 천지만물은 물론이고 인간과 문명사회는 생장을 위해 분투적인 노력을 경주하여 왔었다. 그 결과 선천 세상은 서로 극하는[相克] 이치로 말미암아 분란투쟁으로 얼룩진 시간대를 장식하게 됐던 것이다. 이러한 선천시대의 그 극점을 수운은 쇠운의 운수로 진단하게 됐다. 반면에 후천개벽으로 열리는 세상은 쇠운에서 성운으로 전환하여 성운이 오만 년 동안 지속된다. 이때는 정력正曆이 통용되는 세상이고, 음양이 조화와 균형을 이루게 되기 때문에, 그로 인해 자연과 인간과 문명은 모두 조화롭게 성숙하여 완성하는 시운을 맞이하게 되는 것이다. "무극지운"은 바로 이를 뜻하는 것이다.

먼저 선천개벽으로 열린 오만 년, 후천개벽으로 열리는 오만 년은 어떻게 가능한가를 상세하게 알아보고, 후천개벽으로 무극지운이 어떻게 도래하게 되는가를 밝혀보자.

우리가 선·후천의 시간대를 쉽게 알 수 있도록 우주 순환원리를 수리數理학으로 풀어서 제시한 학자가 있다. 그 학자는 바로 증산상제가 "알음은 강절康節의 지식이 있나니 다 내 비결이니라."(『도전』 2:32:1~2)라고 한, 바로 송대의 철학자 소강절이다.

강절은 선천과 후천의 시간대를 수리數理로써 계산하여 극명하게 드러내었는데, 그것이 바로 "원회운세元會運世"이다. 그가 제시한 선·후천 수리의 원회운세는 선천 시대에 나온 역도의 원리, 즉 복희의 괘도(일부는 이를 생역生易이라 했다)에 근본을 두고 있는데, 그는 복희 괘도의 역리易理를 응용하여 천지만물의 생성변화가 우주1년의 시간주기로 순환하게 됨을 계산해낸 것이다. 이를 근거로 삼아보면, 우리는 선천이 왜 오만 년이며, 수운이 제시한 후천의 무극지운이 왜 오만 년이나 지속하는가를 이해할 수 있을 것이다.

소강절이 제시한 우주1년의 "원회운세元會運世"

우주 순환의 1주기 시간길이를 소강절은 무엇을 근거로 도출해 내어 수리로 계산하게 되었을까? 그것은 음양동정陰陽動靜에 따른 천체의 운동변화에 근거한다. 동양 우주론의 측면에서 본다면, 복희가 그린 하도는 음양 동정의 조율에 따라 천지만물이 생장염장으로 순환하는 이치를 명백히 드러내고 있다.

음양동정은 곧 시간 단위의 흐름으로 계산해낼 수 있다. 즉 음양동정에 의한 생장염장의 순환은 낮과 밤이 바뀌는 하루의 시간마디 뿐만 아니라 지구 1년의 4계절에서 벌어지는 시간마디에 적용이 되고, 나아가 우주적 차원에서 진행되는 시간마디에도 그대로 적용이 되기 때문에 그 시간대를 유추하여 수리로 계산해낼 수 있다는 것이 소강절의 기본 입장이다.

그럼 먼저 우리가 살고 있는 지구에서 음양 동정에 따른 시간의 추이를 살펴보자. 우리가 현실적으로 살아가는 가장 기본적인 것은 하루의 시간단위이다. 하루를 기준으로 하여 우리의 삶의 과정은 반복적으로 순환하는 것이다. 이러한 하루의 시간 흐름은 공간적으로 볼 때 양의 최고조인 낮과 음의 최고조인 밤의 교체로 드러난다. 음양의 교체를 시간단위로 말하자면 지구가 자전하여 제자리로 돌아오는 하루(1日)라는 얘기다. 다음은 지구에서 일어나는 가장 기본적인 시간단위는 1년이다. 지구1년의 시간단위는 지구가 자전하면서 태양을 중심으로 공전하여 제자리로 돌아오는 기간을 나타나는 1주기를 말한 것인데, 1년 4계절 변화가 이를 잘 나타내주고 있다.

지구의 계절 변화가 일어나는 1년이든, 우주의 변화가 일어나는 우주1년이든 현실적인 삶의 과정이 펼쳐지는 하루의 음양 변화가 중심이 되어 나오는 것이다. 이를 바탕으로 소강절은 우리의 경험으로 확인할 수 있는 시간단위를 측정하여 수리로 말하게 된다. 그에 의하면 "양陽은 1이고 음陰은 2이다. 그러므로 양이 음을 낳을 때 2가 6번 곱해져서 12가 되고, 음이 양을 나을 때 3이 10번 곱해져서 30이 된다."[167] 즉 양의 수는 30부터 시작하므로 한 달에 30일이 있고, 1세世에 30년이 있다. 음의 수는 12에서 시작하므로 하루에 12진辰이 있고 한해[1歲]에 12달이 있는 것이다.

이 논리에 근거하여 우리는 현실 세계에서 일어나는 하루와 1년의 시간단위를 수로 계산해낼 수 있다. '1'로 하루를 경영하면 일日이 되며 그 수는 1일이며, '1'로 시時를 경영하면 시가 되며 그 수는 12진辰이고, '1'로 분分을 경영하면 분이 되고 그 수는 360분

---

167 "陽一陰二. 故陽之生陰 二而六之爲十二, 陰之生陽 三而十之爲三十."(소강절 지음, 노영균 옮김, 『황극경세서』, 55쪽.)

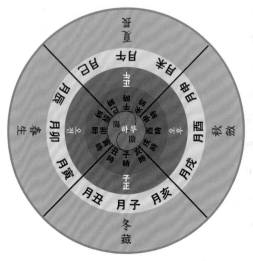

이 되며, '1'로 초秒를 경영하면 초가 되고 그 수는 4,320초가 된다. 마찬가지로 '1'로 년年을 경영하면 년이 되고 그 수는 1년이며, '1'로 월月을 경영하면 월이 되고 그 수는 12월이며, '1'로 일日을 경영하면 일이

●지구의 자전에 의한 하루(日)와 1년(360)의 음양 변화

되고 그 수는 360일이 되고, '1'로 시時를 경영하면 4,320시간이 된다. '1'을 근거로 해서 하루(日, 辰, 分, 秒)의 시간단위가 나오고, 1년(年, 月, 日, 時)의 시간단위가 나오는 것이다.

그러면 소강절은 인간의 경험으로는 측정될 수 없는 우주 1년의 주기, 즉 천체 우주의 순환주기를 어떤 방식으로 계산하여 제시해냈던 것일까?

먼저 그는 동양 역학을 근거로 하여 역易에 태극이 있음을 전제하고, 태극으로부터 사상四象을 이끌어 낸다. 즉 그는 "한번 동動하고 한번 정靜하는 것은 역易에서 이른바 태극太極이 된다. 동정動靜은 역에서 양의兩儀이고 음양강유陰陽剛柔는 역에서 말하는 사상四象이다."[168]라고 말한다. 사상은 음양의 비율로 환원하여 태양太陽, 태음太陰, 소양少陽, 소음少陰으로 구분된다. 그런 다음 그는 사상을 일월성신日月星辰에 배합시킨다. 즉 "동動하는 것은 하늘이고 하늘에는 음양이 있다(양은 동의 시작이고 음은 동의 최고조이다). 음양 속에 또 각각 음양이 있다. 그러므로 태양·태음·소양·소음이 있다. 태양은 일日이 되고 태음은 월月이 되며, 소양은 성星이 되고 소음은 신辰이 된다. 이것이 하늘의 사상四象이다."[169]

하늘의 사상은 일월성신日月星辰이다. 여기로부터 그는 하늘이 변하는 시간대를 원회운세元會運世로 말한다. 그는 "일日로 일을 경영하면 원元의 원이 되며 그 수는 1이다. 일의 수가 1이 되는 까닭이 여기에 있다. 일로 월月을 경영하면 원의 회會가 되며 그 수는 12가 된다. 월의 수가 12가 되는 까닭이 여기에 있다. 일로 성星을 경영하면 원의 운運이 되며 그 수는 360이 된다. 성의 수가 360이 되는 까닭이 여기에 있다. 일로 신辰을 경영하면 원의 세世가 되며 그 수는 4,320이 된다. 신의 수가 4,320이 되는 까닭이 여기에

---

168 "一動一靜者 易之所爲太極也. 動靜者 易所爲兩儀也, 陰陽剛柔者易所爲四象也."『皇極經世書』(소강절 지음, 노영균 옮김, 『황극경세서』, 46쪽.)

169 "動者爲天, 天有陰陽(陽者動之始 陰者動之極.) 陰陽之中又各有陰陽, 故有太陽 太陰 少陽 少陰. 太陽爲日 太陰爲月 少陽爲星 少陰爲辰, 是爲天之四象."(소강절 지음, 노영균 옮김, 『황극경세서』, 47쪽.)

있다."[170]라고 하여 역수 원리의 시간대를 계산하게 됐던 것이다.

이 논리를 토대로 하여 소강절은 우주의 순환주기를 1원元, 즉 129,600년의 시간으로 말하게 된다. 그는 "일원一元의 수는 즉 일세一歲의 수이다. 일원에 12회會, 360운運, 4,320세世가 있는 것과 같이 일세에 12월月, 360일日, 4320진辰이 있다."[171]고 말한다. 여기에서 말하고자 하는 뜻은 지구 1년과 우주 1년은 유비이고, 지구 1년이 12달, 360일, 4320시간으로 표기할 수 있듯이, 우주 1년은 12회, 360운, 4320세로 표기할 수 있다는 것이다. 그래서 소강절은 "일日은 원元이 되고 원의 수는 1이다. 월月은 회會가 되고 회의 수는 12이다. 성星은 운運이 되고 운의 수는 360이다. 신辰은 세世가 되고 세의 수는 4,320이다. 곧 1원元은 12회會 360운運 4,320세世를 거느린다. 1세世는 30년, 곧 129,600년이다. 129,600년은 1원元의 수이다."[172]라고 말했던 것이다.

우주 년의 1주기는 지구 년으로 말하여 129,600년으로 계산된

---

170 "又曰 以日經日爲元之元, 其數一. 日之數一故也. 以日經月爲元之會, 其數十二. 月之數十二故也. 以日經星爲元之運, 其數三百六十. 星之數三百六十故也. 以日經辰爲元之世, 其數四千三百二十. 辰之數四千三百二十故也."(소강절 지음, 노영균 옮김, 『황극경세서』, 55쪽).

171 "一元之數, 卽一歲之數也. 一元有十二會, 三百六十運, 四千三百二十世, 猶一歲十二月, 三百六十日, 四千三百二十辰也."(소강절 지음, 노영균 옮김, 『황극경세서』, 63쪽.)

172 "日爲元 元之數一. 月爲會 會之數十二. 星爲運 運之數三百六十. 辰爲世 世之數四千三百二十, 則一十二萬九千六百年. 一十二萬九千六百年是爲一元之數."(소강절 지음, 노영균 옮김, 『황극경세서』, 58쪽.)

다. 이것을 소광절은 "원회운세元會運世"에서 1원元이라 했으며, 그 시간 길이는 12회會, 360운運, 4,320세世로 말했다. 다시 말해서 천체가 돌아가는 우주1년도 음양동정으로 순환하기 때문에 지구 1년과 유비analogy이다. 우주1년의 시간적 순환원리는 지구1년의 순환원리와 유비이고, 우주의 12회는 지구의 12달과 유비이고, 우

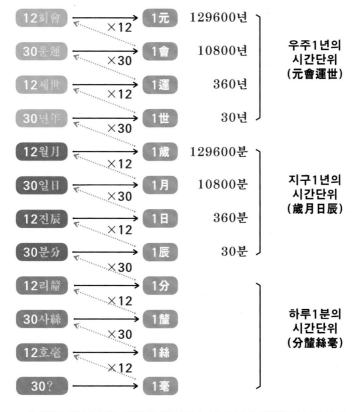

●원회운세元會運世, 세월일진歲月日辰, 분리사호分釐絲毫의 시간 주기

…(안경전, 『개벽 실제상황』, 48쪽 참조.)

주의 360운은 지구의 360일과 유비이고, 우주의 4,320세는 지구의 4,320시간과 유비이다. 다만 지구1년은 지구가 태양을 중심으로 공전하는 1주기를 계산한 것이고, 우주1년은 태양이 하늘을 중심으로 공전하는 1주기를 계산한 것이다. 그렇다면 우주1년은 지구의 시간 단위로 표시하면 얼마나 될까? 이는 대략 1세世를 30년으로 잡는다면 4,320× 30년=129,600년이 된다.

예나 지금이나 우주에서 일어나는 모든 것은 시간 흐름의 범주 안에서 일어난다. 시간 범주의 흐름은 수數를 통해서 알 수 있다. 그 수는 원회운세元會運世, 세월일진歲月日辰, 나아가 분리사호分釐絲毫의 수로 계산된다. 그런데 "원회운세의 수는 너무 커서 보이지 않으며 분리사호分釐絲毫의 수는 너무 작아서 볼 수 없다. 수를 알게 되는 것은 일월성신日月星辰으로 알게 된다. 1세世에 30세歲가 있고, 1월月에 30일日이 있으므로 세世와 일日의 수數는 30이다. 1세世에 12월月이 있고, 1일日에 12진辰이 있으므로 월月과 진辰의 수數는 12이다. 세월일진歲月日辰의 수로 추측하여 올라가면 원회운세의 수를 얻을 수 있다. 또 추측하여 내려가면 분리사호의 수도 얻을 수 있다."[173]

---

173 "元會運世之數 大而不可見, 分釐絲毫之數 小而不可察. 所可得而數者 卽日月星辰而知之也. 一世有三十歲, 一月有三十日, 故歲與日之數三十. 一歲有十二月, 一日有十二辰, 故月與辰之數十二. 自歲月日時之數推而上之, 得元會運世之數 推而下之, 得分釐絲毫之數."(소강절 지음, 노영균 옮김, 『황극경세서』, 63쪽.)

지구1년의 계절 개벽

우주1년의 원회운세와 분리사호의 수는 지구1년의 년월일시年月日時를 통해서 얻어진 시간 단위의 수이다. 연월일시의 수는 근원적으로 하루의 음양 변화를 통해서 나온 것이다. 지구에서의 하루는 밤낮의 순환이다. 즉 양에서 음으로, 음에서 양으로의 변화가 하루라는 얘기다. 음양으로 순환하는 하루는 12진辰의 시간마다로 구분할 수 있다. 자축인묘진사오미신유술해子丑寅卯辰巳午未申酉戌亥의 12지지地支가 그것이다.

음양 동정은 시간 단위를 양산한다. 즉 양陽은 자시子時에서 나아가기 시작하면서 음이 물러나고, 사시巳時에서 그 정점을 이룬다. 오시午時부터는 음이 나아가지만 양은 점점 물러나가기 시작하고, 해시亥時에 이르러 음은 그 정점을 이루며, 다시 양이 시작하여 나아가고 음이 물러나는 것이 하루라는 것이다. 이와 같이 하루는 음양의 일동일정을 거듭하면서 순환하고, 이로부터 하루의 낮과 밤이 교대로 나타나는 것이다.

낮고 밤의 교체에서 볼 수 있듯이, 음양의 교체는 차원전환을 가져온다. 정오正午와 자정子正이 이를 나타내주고 있다. 그것은 양의 극점에서 음으로, 음의 극점에서 양으로의 질적인 전환이 일어나기 때문이다. 즉 음양의 교체는 곧 기존의 시간대를 마무리하고 새로운 시간대의 열림을 의미하는데, 현상적으로 볼 때 '자라나는 것'은 양이 나아가는 것인 반면 음이 물러나는 것이고, '줄어드는 것'은 양이 물러나는 반면 음이 나아가는 것이다. 음양의 교체는 지구가 자전하여 제자리로 돌아옴으로써 발생한 것이다. 이를 도수度數로 계산해보면, 원환의 360°에서, 전반부 180°는 양이 나아가는 수이며, 후반부 180°는 음이 나아가는 수이다.

낮과 밤(음양)의 교체로 이루어지는 하루의 시간 마디를 4단계로 세분할 수 있다. 전반부는 양이 나아가고 음이 물러남으로 인해 활동을 유발하는 자축인子丑寅과 묘진사卯辰巳로, 후반부는 음이 나아가고 양이 물러남으로써 휴식을 유발하는 오미신午未申과 유술해酉戌亥의 상으로 묶어서 분류할 수 있다는 얘기다. 이 원리는 일상적으로 드러나는 현상을 관찰하여 4단계로 구분해 보면, 자정(亥子丑), 아침(寅卯辰), 정오(巳午未), 저녁(申酉戌)으로 말해볼 수도 있다. 즉 양은 자시子時에서 나아가지만 현실적으로 자라나는 활동의 시간대는 인시寅時에서 시작하고, 사시巳時에서 활동의 극치를 이루며, 음은 오시午時에서 나아가지만 현실적으로 물러나는 휴식의 시간대는 신시申時에서 시작하고, 해시亥時에서 휴식의 극치를 이룬다는 것이다.

지구1년의 순환주기도 역시 낮과 밤의 교체가 이루어지는 하루의 이치와 같다. 그것은 음양 안에 음양을 포함하고 있고, 음양 밖에 음양으로 둘러싸 있기 때문이다.

1년은 12개월(360일)로 이루어져 있다. 12개월 중에서 전반기는 양이 시작하여 나아가는 기간이고, 후반기는 음이 시작하여 나아가는 기간이다. 음양변화의 시간 마디를 월月로 계산하여 말해본다면 전반기의 양은 자월子月에서 태동하여 오월午月의 하지夏至에서 절정에 달하고, 후반기의 음은 오월午月에서 태동하여 동지冬至에서 절정에 달한다. 여기에서도 하루와 같이 음양의 일동일정 일성일쇠의 원리에 따라 순환하면서 온냉한서溫冷寒暑의 계절변화가 나타나는 것이다.

음양의 극적인 교체는 계절의 차원전환을 가져온다. 한서의 교체에서 볼 수 있듯이, 그것은 곧 기존의 계절을 마무리하고 새로운 계절이 열림, 즉 더움의 극점에서 차가움으로의 전환은 질적인 변화를 동반하기 때문이다. 계절로

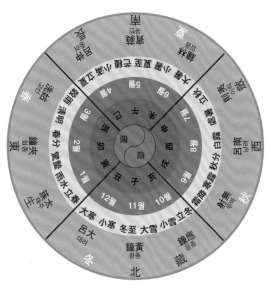

●지구 1년의 계절 변화

볼 때 겨울에서 봄으로, 여름에서 가을로의 전환이 그것이다. 지구1년에서 계절의 교체는 지구가 태양을 중심으로 공전하여 제자리로 돌아옴으로 발생하게 되는데, 전반기는 지구1년의 봄철개벽이라 할 수 있고, 후반기는 가을철 개벽이라 부를 수 있다. 12개월 중에서 6개월마다 일어나는 음양의 교체, 즉 양이 나감으로 열린 봄철개벽은 전반부 180일을 양이 주도하고, 음이 나아감으로 열린 가을철개벽은 후반부 180일을 음이 주도하게 된다.

한서의 교체로 이루어지는 지구1년의 순환주기도 더 세분화하여 4단계의 시간마디로 구분하여 볼 수 있겠는데, 이는 바로 봄[春], 여름[夏], 가을[秋], 겨울[冬]이라는 4계절의 현상으로 나타난다. 4계절의 시간마디를 계산해 보자면, 원리적으로는 양이 나아가는 자월子月에서 만물은 태동하기 시작하지만 실제로 만물이 소생하여 활동하는 계절은 음력 1~3월(寅卯辰)의 봄철이고, 생장의 극점에 이른 계절은 실제로 음력 4~6월(巳午未)의 여름철이다. 반면에 음이 나아가는 오월午月에서 만물은 휴식으로 향하기 시작하지만 실제로 만물이 결실을 맺는 계절은 음력 7~9월(申酉戌)의 가을철이고, 만물이 폐장하는 계절은 음력 10~12월(亥子丑)의 겨울철이다.

봄철에 만물은 태동하여 자라나기 시작한다. 이에 대하여 소강절은 "자子에서 사巳까지는 자라나고, 오午에서 해亥까지는 줄어든다. 자라나는 것은 양陽이 나아가고 음陰은 물러나는 것이고, 줄어드는 것은 음이 나아가는 것이므로 양이 물러난다. 만물이 열리는 것은 월月의 인寅이고 … 만물이 닫히는 것은 월月의 술戌이다."[174]고 했다. 만유의 생명은 인월寅月로 시작하는 봄철에 생장하고 여름철에 이르러 성장의 극점에 이른다. 그런 다음 가을철의 서릿발이 들어오기 시작하면서 만유의 생명은 성장을 멈추고 수렴통일하여 결실을 맺고, 겨울이 시작하는 해월亥月에서부터 동장冬藏으로 들어가 다음의 탄생을 준비하는 것이다. 지구1년에서 만유의 생명이 생장염장의 순환이치로 변화하는 까닭이 여기에 있다.

우주1년에서 후천 개벽의 오만 년

나아가 우주1년의 경우도 음양의 교체에 따라 순환한다. 그것은 우주 전체의 시간적 순환원리가 일상적으로 사용하고 있는 지구1년의 연월일시와 같은 이치이기 때문이다. 지구1년에서 12달[月]이 있듯이, 우주1년에는 12회會(129,600년)가 있다. 음양의 교체에 따라 우주도 1주기로 순환한다. 지구1년에서 각 달에 12진辰을 배합하는 이치와 마찬가지로 우주1년에도 각 회會에 12진을 배합하여 명칭을 붙일 수 있다. 지구1년이 자월子月에서 시작하여 해월

---

174 "自子至巳作息, 自午至亥作消作息, 則陽進而陰退, 作消則陰進而陽退, 開物於月之寅…閉物於月之戌."(소강절 지음, 노영균 옮김, 『황극경세서』, 60쪽.)

亥月로 끝나듯이, 우주1년의 전반기는 자회子會에서 양이 시작하여 나아가는 기간이고, 후반기는 오회午會에서 음이 시작하여 나아가는 기간이다. 우주1년도 지구1년과 마찬가지로 음양의 일동일정 일성일쇠의 원리에 따라 순환하는 것이다.

우주1년에서 음양의 교체는 우주 전체의 대변혁을 가져온다. 우주의 개벽도 전반기와 후반기로 나누어 볼 수 있다. 우주1년의 12회 중에서 전반기는 새로운 우주의 열림이라 할 수 있는 봄개벽이 있고, 후반기는 우주의 여름에서 가을로 넘어가는 가을개벽이 있는 것이다. 앞서 수운이 "개벽후 오만 년"은 봄개벽을 말하는 것이고, "다시개벽"은 가을개벽을 지칭한다. 전반기의 봄개벽은 선천개벽이라 하고, 후반기 가을개벽은 후천개벽이라 한다. 우주1년에서 후천개벽은 우주만물의 질적인 변화를 동반한다. 이는 마치 지구1년의 12달에서 전반기에 새로운 봄의 열림으로 만유의 생명이 생장하다가 그 극점에 이르러는 생장의 질서를 닫고, 후반기에 가을의 열림으로 만유의 생명이 결실의 질서로 전환하는 것과 같은 이치이다.

그럼 선천개벽과 후천개벽의 시간은 얼마나 되는 것일까. 우주1년(129,600)은 12회會이고, 360운運이며, 4,320세世이다. 일세一世는 30년이고, 일운一運은 360년이며, 일회一會는 10,800년이다. 우주 1년에서 볼 때, 자회子會에서 양이 나아가기 시작하나 양도수陽度

數가 열리는 시점은 축회丑會의 중간이고, 오회午會에서 음이 나아가기 시작하나 음도수陰度數가 열리는 시점은 미회未會의 중간이다. 양도수의 열림은 선천개벽이라 하고, 음도수의 열림은 후천개벽이라 한다. 그래서 선천개벽으로 열린 우주는 양이 나아가 만유의 생명을 64,800년 동안 주도적으로 이끌어 나가고, 후천개벽으로 열린 우주는 음이 나아가 만유를 64,800년 동안 주도적으로 이끌어 나가게 되는 것이다. 이와 같이 우주는 선·후천 교체로 인해 1주기마다 새롭게 변천하며, 이 시간적 순서에 따라 우주만물은 새롭게 탄생하여 진화해왔던 것이다.

문제는 수운이 "다시개벽", 즉 후천개벽으로 열린 세상이 왜 오만 년의 성운으로 말했는가 하는 것이다. 이에 대해서는 소강절이 "하늘은 자에서 열리고, 땅은 축에서 열리며, 사람은 인에서 생긴다."[175]고 주장한 것을 검토해 보아야 한다. 여기에서 자子·축丑·인寅은 해당되는 일원一元의 각 회會를 가리킨다. 자회子會에서 양이 나아감으로 인해 새로운 하늘이 열리고, 축회丑會에서 땅이 열리며, 인회寅會에서 인간을 비롯한 만유의 생명이 새롭게 탄생하여 활동하기 시작한다는 뜻이다.

소강절의 원회운세론에 의거하자면, 앞서 말한 지구1년에서 "만물이 열리는 것은 월月의 인寅이고," "만물이 닫히는 것은 월

---

175 "天開於子, 地闢於丑, 人生於寅."(소강절 지음, 노영균 옮김, 『황극경세서』, 386쪽.)

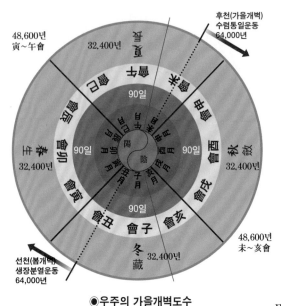

月의 술戌이다."고
하였듯이, 하늘은
양이 나아가는 자
회子會에서 열리
지만, 실제로 만
유의 생명이 태동
하여 활동하는 시
기는 인회寅會에
서 나타난다. 즉
일회一會를 10,800
년으로 계산한다
면, 선천의 봄개벽

●우주의 가을개벽도수

이후[天開於子, 地闢於丑] 인회寅會에서 만유의 생명과 인류가 탄
생하여 활동하기 시작했으며[人生於寅], 48,600년(선천개벽 이후 대
략 오만 년)이 지나 오늘에 이르게 됐다. 이제 후천의 가을개벽으로
열리는 세상에서 만유의 생명은 결실을 맺어 48,600년(후천개벽 이
후 대략 오만 년)을 보내게 된다.

그리고 해회亥會에서부터 다음 우주 년의 축회丑會에 이르기까
지 약 32,400년 동안은 모든 생명이 활동을 멈추고 동장冬藏의 상
태에 이르게 된다. 따라서 선천개벽으로 열린 우주는 대략 오만
년을 지속하고, 후천개벽으로 열린 우주도 대략 오만 년을 지속

한다고 말할 수 있는 것이다.

후천 오만년의 무극지운無極之運

후천개벽으로 열리는 오만 년은 최고의 운수[無極之運]가 돌아드는 때라고 수운은 말했다. 무극지운이란 말 그대로 '다함이 없는 최고의 운수'란 뜻이다. 무극지운은 시운時運에 따른 것이고, 시운의 오만 년은 우주순환의 선·후천 개벽론에 기초해서 나온 것이다.

먼저 후천개벽의 운수는 왜 무극의 운수가 되는 것인가를 살펴보자. 이를 파악하기 위해서는 우주론에서 말하는 시운時運을 검토해 보아야 한다. 음양동정에 따른 우주의 순환은 시운時運으로 전개되어 드러난다. 시운은 천시天時와 천운天運으로 분석해볼 수 있다. 천시는 하늘에서 전개되는 시간적인 측면을 말한 것이고, 천운은 시간의 흐름에 대응해서 공간적으로 드러나는 현상을 일컫는다고 할 수 있다.

시운에 따라 전개되는 수운의 선·후천 개벽론은 전통적인 우주론에서 말하는 음양의 일동일정에 근거한 것인데, 여기서 말하는 양은 움직임으로 형이상학적인 의미에서 우주만물의 생장을 주도하는 원리가 되고, 음은 정지함으로 우주만물의 수렴 통일을 주도하는 원리가 된다. 양陽은 음陰에 뿌리를 두고 있고, 음은 양에 뿌리를 두고 있다. 양의 동동動에서 음의 정정靜으로의 전환을 운수의 측면에서 압축하여 표현하면, 우주만물의 생명기운이 생장 분열의 운동에서 수렴통일의 운동으로 전환되는 "원시반본原始返本"(『도전』 2:26; 7:17)하는 운수라고 말할 수 있다.

'원시반본'이란 글자 그대로 '처음의 근원을 찾아 근본으로 돌아감'이란 뜻이다. 후천 가을개벽의 운수는 무극의 운수, 다시 말해서 만유의 생명이 원시반본하는 운수이다. 지구1년의 시간 흐름에서 알 수 있듯이, 봄여름은 양도陽道시대이기 때문에 만유의 생명이 역동적으로 생장 분열로 치닫는 운수이고(역도수), 반면에 가을은 음도陰道시대이기 때문에 생장을 멈추고 그 기운을 수렴 통일하여 결실하는 운수이다(순도수). 한 그루의 과실나무를 관찰해 보자면, 봄여름 동안 생명의 기운은 뿌리에서 줄기로, 줄기에서 가지로 줄기차게 뻗어나가 무성한 가지와 잎이 나오고 꽃이 핀다. 가을이 되면 생명의 기운은 다시 뿌리로 돌아가고 모든 진액을 수렴 통일하여 열매로 응결되어 결실을 맺게 되는 것이다. 이것이 자연에서 일어나는 원시반본의 이치이다.

후천 가을개벽은 원시반본하는 운수, 즉 생장 분열로 치닫던 우주만물이 수렴 통일하여 결실을 맺는 무극의 운수이다. 즉 우주1년의 시간 흐름에서도 음양의 동정에 따라 때가 되면 봄의 따스함[溫], 여름의 더움[暑], 가을의 서늘함[涼], 겨울의 차가움

[寒]으로 나타난다. 천시天時로 말해 볼 때 선천시대가 그 막바지에 이르게 되면 후천의 시대로 진입하게 되는데, 선천에서 후천시대로의 전환은 바로 우주의 가을개벽이고, 후천에서 선천으로의 전환은 우주의 봄개벽이다. 천운天運으로 말해 볼 때 봄개벽은 양도시대가 열려 우주만물이 생장 분열의 운수를 맞이하게 되고, 가을개벽은 음도시대가 열려 수렴 통일의 운수를 맞이하게 되는 것이다. 이와 같이 천지의 모든 것은 음양동정에 따른 과정을 거듭하면서 시운에 따라 일성일쇠로 순환하게 되는 것이다.

선천시대의 막바지에 이르면 우주만물이 쇠운의 극에 달하게 되고, 쇠운의 극점에 이르면 곧 성운을 맞아 새로운 차원으로 전환을 맞이하게 되어 있다. 성운은 바로 가을개벽으로 열리는 무극지운인 것이다. 가을 개벽으로 열리는 오만 년의 무극지운에 대하여 수운은 「용담가」에서 "어화세상 사람들아 무극지운無極之運 닥친줄을 너희어찌 알까보냐."고 선언한 것이다. 후천 가을개벽의 운수는 무극지운이고, 무극지운이 임박했음은 곧 가을개벽이 임박했음을 뜻한다. 우리가 봄이 오기를 애타게 기다려도 때가 돼야 오는 것과 마찬가지로, 가을 개벽은 때[天時]가 되면 기다리지 않아도 자연의 이법에 따라 오는 것이고, 다시개벽으로 열리는 후천의 대운大運은 또한 때가 되면 당연히 들어오는 것이다.

우주의 운수순환은 자연사는 물론이고 인간사에도 꼭 같이 적용이 된다. 그렇기 때문에 인류의 삶이나 문명은 쇠함과 성함, 즉 흥진비래興盡悲來의 법칙에서 벗어날 수 없게 된다. 즉 "성한 것이 오래면 쇠하고 쇠한 것이 오래면 성한다. 밝은 것이 오래되면 어두워지고 어두운 것이 오래되면 밝아지나니, 성쇠명암은 천도의 운이다. 흥한 뒤에는 망하고 망한 뒤에는 흥하며, 길한 뒤에는 흉하고 흉한 뒤에는 길하나니, 흥망길흉은 인도의 운이다."[176] 그렇기 때문에 선천 말기에서 후천으로의 전환은 쇠운에서 성운으로의 전환이기 때문에 자연과 문명, 인간사의 모든 것이 성숙成熟하여 흥하는 시기로 진입하게 되는 것이다.

수운은 당시의 시운을 쇠운의 정점에 달했다고 진단했다. 즉 선천의 우주가 쇠운의 망조와 흉조凶兆에서 후천 성운의 흥조興兆로 전환이 있게 되는 것이다. 그것은 바로 가을개벽의 시운에 따라 천운이 돌아들어서 선천과는 전혀 다른 운수, 즉 오만 년 동안의 무극의 대운이 들 것이기 때문이다. 후천 오만 년 무극의 운수는 바로 시운이 돌아서 오는 다시개벽, 즉 후천개벽으로 열리는 세상이다.

---

176 "盛而久則衰, 衰而久則盛. 明而久則暗, 暗而久則明 盛衰明暗 是天道之運也. 興而後 亡 亡而後 興, 吉而後 兇 兇而後 吉, 興亡吉兇 是人道之運也."(『天道教經典』「海月神師說法」)

4) 가을 대개벽의 도道, 무극대도無極大道의 출현

시운의 운수 순환론에서 볼 때, 후천 오만 년의 무극지운은 다시개벽, 즉 후천 가을의 대개벽을 전제로 해서만 가능하다. 그렇다면 후천 가을개벽은 어떻게 오는 것이며, 실제로 어떠한 상황으로 전개되어 나오는 것일까? 수운은 이에 대한 구체적인 내용을 분명하게 밝히지는 않았다. 하지만 수운이 말한 후천의 '다시개벽'과 '무극지운', '3년 괴질운수'와 만고에 없는 '무극대도'의 출현 등의 핵심 뜻을 종합하여 볼 때, 우리는 선천 말기의 상해의 운수가 후천의 새 운수로 전환하기 위해서는 천지운행의 질서가 새로운 차원으로 바뀌어야 한다는 것, 그럼으로써 하늘, 땅, 인간의 모든 것이 선천과는 전혀 다른 질서로 정리돼야 함을 유추해볼 수 있다.

우주론에서 본다면 다시개벽의 핵심은 가을철 천지질서의 개벽이다. 그것은 우주만물의 운행질서와 생존환경 또한 근본적으로 바뀌게 됨을 뜻한다. 그럼으로써 곧 천지와 인간을 포함한 만물이 새로워지게 되는 것이다. 이에 대하여 수운의 제자 해월은 "이세상의 운수는 천지가 개벽하던 처음의 큰 운수를 회복함이라. 세계 만물은 다시 포태의 수를 정하지 않은 것이 없느니라. 경에 이르기를 '산하의 큰 운수가 이 도에 다 돌아오니 그 근원이 가장 깊고 그 이치가 심히 요원하다'고 했다. 이것이 바로 개벽의 운이요 개벽의 이치인 까닭이기 때문에, 새 하늘 새 땅에 사람과 더불어 만물이 또한 새로워지느니라."[177]고 전한다.

해월의 주장은 후천개벽으로 인해 새 하늘, 새 땅, 만물이 새로워짐으로 집약될 수 있다. 이는 곧 자연, 문명, 인간의 존재질서가 새로운 차원으로 재조직됨을 뜻한다. 큰 틀에서 볼 때, 자연개벽, 문명개벽, 인간개벽 3대 개벽이 그것이다. 그러나 이러한 개벽은 우주의 자연사, 인간사, 문명사에도 예외 없는 엄청난 창조적 파괴를 동반할 수밖에 없게 되는데, 그것은 우주가 새로운 차원 전환을 위한 통과의례에 지나지 않는다. 이러한 대개벽기에 절대자 천주의 대도, 즉 무극대도가 출현하여 자연, 문명, 인간을 건져내고, 후천 가을 천지의 질서를 조성하여 후천 오만 년 동안 주도적으로 이끌어나가게 된다는 것이 수운의 입장이다.

가을 천지天地의 개벽

자연개벽은 무엇인가? 선천에서 후천으로, 선천의 쇠운에서 후천의 성운으로 전환되는 다시개벽은 천지 운행의 질서가 새롭게 바뀜을 전제하게 되는데, 이것은 자연개벽의 의미에서 곧 시·공간의 틀이 바뀌게 됨을 뜻한다. 우주에서 시간의 흐름과 공간의 구

---

177 "斯世之運 天地開闢初之大運回復也. 世界萬物 無非更定胞胎之數也. 經曰 '山河大運 盡歸此道, 其源 極深 其理甚遠.' 此是開闢之運, 開闢之理故也, 新乎天 新乎地 人與物 亦新乎矣."(『天道教經典』,「海月神師說法」)

조가 바뀜은 어떻게 해서 가능하게 되는 것일까?

천지 시공간의 틀이 바뀜은 두 견해가 있을 수 있다. 하나는 우주의 순환이법에 따라 자연히 그렇게 될 것이라고 말할 수 있고, 다른 하나는 우주의 순환이법을 주재하는 절대자에 의해 그리됨을 말할 수 있다. 전자의 경우는 해월이 믿었던 것처럼, 때가되면 자연의 순환이법에 따라 무위이화無爲以化로 그렇게 된다는 것이고, 후자의 경우는 우주의 주재자 상제가 "공부하는 자들이 '방위가 바뀐다'고 이르나니 내가 천지를 돌려놓았음을 세상이 어찌 알리오."(『도전』 4:152:1)라고 말한 데에서 그 까닭을 찾을 수 있다.

그러나 자연이법에 따라 무위이화로 개벽이 된다는 전자의 주장은 후자의 주장에 포섭된다고 본다. 그것은 해월이 말한 견해가 가을 천지의 개벽이 천주의 조화권능에 의한 것으로 본 수운의 주장을 근거로 하여 나온 것이기 때문이다. 수운의 주장에 따르면 우주만물의 창조변화는 물론이고 천지의 운행질서가 모두 천주의 조화지적造化之跡이고, 이는 곧 절대자 천주가 우주의 순환질서를 무위이화로 주재함을 뜻한다. 따라서 우리는 무위이화로 운행되는 선천의 우주질서가 후천 오만 년의 가을철의 새 질서로 바뀜은 주재자 천주가 절대적인 주재권능으로써 천지를 돌려놓았다는 데서 직접적인 근거를 찾아야 마땅할 것이다.

절대자 천주가 천지를 돌려놓았음은 현실적으로 어떤 결과로 드러나는가? 그것은 시·공간의 궤도 수정으로 나타나는데, 시공간의 궤도 수정은 현실적으로 운행되고 있는 지구의 자전축과 공전궤도가 바뀌는 것에서 확인할 수 있다.

선천시대의 지구는 자전축이 23.5° 기울어진 채 자전하면서 태양을 중심으로 타원궤도를 그리면서 365¼ 일을 1주기로 운행되어 왔다. 그럼으로써 음이 적고 양이 과도하게 많은 양도 시대가 열리게 되었으며, 이로 인해 자연, 문명, 인간은 모두 과도한 경쟁을 하면서 생장이 촉진되었다. 그래서 선천에는 음양이 조화를 이루지 못한 채 운행되는 불완전한 윤역閏曆을 사용했던 것이다. 음양의 부조화는 곧 자연의 극한극서를 가져오게 되었고, 인류의 문명에는 남존여비와 약육강식을 낳은 강권사회가 그 중심축을 이루게 하였으며, 인간에는 무한한 욕망에 따른 원한과 비극적인 삶을 낳았던 것이다. 한마디로 선천에는 상극의 질서가 그 중심이 되었던 것이다.

그러나 후천시대의 지구는 기울어진 자전축이 정립되어 자전하면서 태양을 중심으로 정원궤도를 그리면서 360일을 1주기로 운행된다. 그럼으로써 음양동덕陰陽同德이 펼쳐지는 음도시대가 열리게 되고, 이로 인해 자연, 문명, 인간의 삶은 수렴 통일을 촉진하게 된다. 그래서 후천에는 음양이 합덕하여 조화를 이루어 운행되는 완전한 정력正曆을 사용하게 된다. 음양의 조화는 곧 자연의 극한극서가 사라지고, 인류의 문명 자연과 인간이 서로 상생하여 통일된 조화문명이 그 중심축을 이루게 되며, 인간은 영적으로 성숙하여 상생하는 삶을 살게 된다. 한마디로 후천에는 상생의 질서가 자연, 문명, 인간사회의 중심을 이끌어가게 되는 것이다.

그런데 여기에서 우리가 간과하지 말아야할 것이 있다. 시공간의 궤도 수정이 일어나는 지축의 정립은 실로 엄청난 변화를 동반하는 사건이 그것이다. 이에 대하여 해월은 "이 세상의 운수는 개벽의 운수이니라. 천지도 불안하고 산천초목도 불안하고 강물의 고기도 불안하고 나는 새 기는 짐승도 다 편안하지 못하리라."[178]고 말한다. 현대과학의 지식을 동원하여 표현해 본다면, 지구는 엄청난 지각변동이 일어나므로 대규모의 천재지변이 발생할 것이다. 지구의 표면은 바다와 육지가 새롭게 바뀌기 때문에 전율하고, 대양이 뒤틀리면서 화산 폭발이 연쇄적으로 일어나 뜨거워진 바닷물이 솟구쳐 올라 땅 위로 쏟아지는 장관을 연출하게 될 것이며, 비를 동반한 최강의 태풍이 불어 지구촌의 문명을 모조리 쓸어낼지도 모른다.

지각변동에 따른 지구촌의 상황에 대하여 증산상제는 다음과 같이 생생하게 전하고 있다

---

178 "斯世之運 開闢之運矣. 天地 不安, 山川草木, 不安 江河魚鼈 不安, 飛禽走獸 皆不安."(『天道教經典』「海月神師說法」)

"불[火]개벽은 일본에서 날 것이요, 물[水]개벽은 서양에서 날 것이니라."(『도전』7:43:1)

"때가 다하여 대세가 처넘어갈 때는 뇌성벽력이 대작하여 정신 차리기 어려울 것이요 동서남북이 눈 깜짝할 사이에 바뀔 때는 며칠 동안 세상이 캄캄하리니 그 때는 불기운을 거둬 버려 성냥을 켜려 해도 켜지지 않을 것이요, 자동차나 기차도 움직이지 못하리라. 천지이치로 때가 되어 닥치는 개벽의 운수는 어찌할 도리가 없나니 천동지동天動地動 일어날 때 누구를 믿고 살 것이냐! 울부짖는 소리가 천지에 사무치리라."(『도전』2:73:1~6)

지축의 정립은 하늘과 땅의 새로운 시공간의 질서가 나오게 되는데, 이때는 앞서 일부一夫가 제시한 시간의 캘린더, 즉 음력과 양력이 하나가 되는 정력正曆이 사용된다. 그로 인해 자연, 문명, 인간사에는 선천의 '억음존양'의 상극질서가 후천 '정음정양'의 상생의 새 질서로 바뀌게 되고, 따라서 천지에는 선천 말기의 쇠운이 후천 개벽의 성운으로 전환하여 새로운 삶의 환경이 조성되는 것이다.

3년 괴질

다시개벽은 바로 선천 운수에서 후천 운수로의 극적인 전환이다. 그런데 후천 운수로의 진입 직전에는 현실적으로 창조적 파괴를 동반하게 된다. 이러한 상황은 선천에 있었던 만유의 생명이 파괴되고 후천의 새 생명으로 거듭나게 됨을 뜻한다. 이는 인간의 생명과 문명사에도 그대로 적용이 된다. 무엇이 창조적 파괴를 일으키는 것인가? 그것의 중심 고리는 지구촌을 휩쓰는 괴질이다. 이에 대하여 수운은 「안심가」에서 "십이제국十二諸國 괴질운수怪疾運數"라든가, 「권학가」에서 "아동방我東方 연년괴질年年怪疾 인물상해人物傷害 아닐런가."라고 말하고 있다.

선천의 운에서 후천의 운으로 넘어갈 때 그 사이에 천지에는 '괴질운수'가 있고, 괴질로 인해 인간을 포함하여 생명체들이 상해를 입을 수밖에 없다는 수운의 주장은 결국 3년 동안 지속하는 괴질로 인해 선천의 인간과 문명사가 필연적으로 정리될 수밖에 없다는 것을 나타내고 있다. 여기에서 정리된다는 뜻은 성숙하지 못한 모든 생명을 일거에 쓸어버린다는 뜻이다. 이는 인간을 포함한 뭇 생명은 괴질로 인해 모두 죽을 것이고, 괴질에서 살아남기 위해서는 선천의 묵은 시각과 생각, 구태연한 삶의 방식을 버림으로써 완전히 성숙한 가을의 인간으로 거듭나야 함을 함축한다.

후천 가을 개벽기에 3년 괴질은 왜 오는 것일까? 이에 대해서 수운은 상세하게 말하지는 않았다. 다만 우리는 우주의 여름철에서 가을철로 들어서는 환절기에 추살기운秋殺氣運을 타고 오는 미증유의 대병겁이라고 추론해볼 수 있을 것이다. 즉 가을철이 되면 천지에서 들어오는 숙살기운이 선천 여름철 생장기를 종식하고 가을철 성숙기를 열듯이, 이를 타고 들어오는 괴질은 인류가 선천의 역사와 문명을 최종 마무리 짓고 후천의 새 세상의 삶으로 진입하도록 하는 근본 요인이라고 말할 수 있는 것이다. 따라서 연이어서 오는 괴질로 말미암아 기존의 인간 삶의 행태와 문명사가 완전히 바꾸는 것이다.

그럼 괴질의 정체는 무엇인가? 이에 대해 수운은 구체적으로 말하지 못했지만, 증산상제는 괴질의 근본 뿌리가 바로 선천 상극질서에서 원冤과 한恨이 맺힌 괴질신명이라고 규정한다.

> "선천의 모든 악업惡業과 신명들의 원한과 보복이 천하의 병을 빚어내어 괴질이 되느니라. 봄과 여름에는 큰 병이 없다가 가을에 접어드는 환절기換節期가 되면 봄여름의 죄업에 대한 인과응보가 큰 병세病勢를 불러일으키느니라. 천지대운이 이제서야 큰 가을의 때를 맞이하였느니라. 천지의 만물 농사가 가을 운수를 맞이하여, 선천의 모든 악업이 추운秋運 아래에서 큰 병을 일으키고 천하의 큰 난리를 빚어내는 것이니 큰 난리가 있은 뒤에 큰 병이 일어나서 전 세계를 휩쓸게 되면 피할 방도가 없고 어떤 약으로도 고칠 수가 없느니라." (『도전』 7:38:2-6)

추살기운을 타고 내려오는 괴질신명은 남녀노소, 빈부귀천, 신앙인과 비 신앙인, 선한 자와 악한 자를 막론하고 지구촌의 인간을 가차 없이 쓸어버린다. 괴질이 전 세계를 강타할 때 현대 최첨

단의 어떠한 의술이나 약으로도 치료할 수가 없다. 그것은 천지
의 추살기운을 타고 오는 괴질신명이 먼저 병원과 약국을 침범하
여 치료약을 가진 사람과 의술을 가진 자를 먼저 죽이기 때문이
다. 이러한 괴질이 들어오는 가을개벽의 실제 상황은 지구촌 모든
인류가 죽어 넘어가는 아비규환阿鼻叫喚 그 자체가 될 것이다.

괴질로 빚어지는 지구촌 상황에 대하여 증산상제는 다음과 같
이 그 소식을 전한다.

"이 뒤에 괴병이 돌 때는 자다가도 죽고 먹다가도 죽고 왕래하다가
도 죽어 묶어 낼 자가 없어 쇠스랑으로 찍어 내되 신 돌려 신을 정
신도 차리지 못하리라."(『도전』 7:36:1~2),
"병겁의 때가 되면 홍수 넘치듯 할 것이니 누운 자는 일어날 겨를
이 없고 밥 먹던 자는 국 떠먹을 틈도 없으리라."(『도전』 7:37:6),
"병겁이 밀려오면 온 천하에서 너희들에게 '살려 달라'고 울부짖
는 소리가 진동하고 송장 썩는 냄새가 천지에 진동하여 아무리 비
위脾胃가 강한 사람이라도 밥 한 술 뜨기가 어려우리라."(『도전』
4:39:2~3)

괴질은 맨 처음 어디에서 발발하게 되는 것일까? 수운은 "아동
방 3년 괴질"을 말했다. 괴질은 맨 처음 한반도 조선 땅에서 시작
하여 세계로 퍼져 지구촌을 휩쓴다. 이에 대하여 증산장세는 "처
음 발병하는 곳은 조선이니라. 이는 병겁에서 살리는 구원의 도

가 조선에 있기 때문이니라.", "이 뒤에 병겁이 군창群倉에서 시발하면 전라북도가 어육지경魚肉之境이요 광라주光羅州에서 발생하면 전라남도가 어육지경이요 인천仁川에서 발생하면 온 세계가 어육지경이 되리라. 이 후에 병겁이 나돌 때 군창에서 발생하여 시발처로부터 이레 동안을 빙빙 돌다가 서북으로 펄쩍 뛰면 급하기 이를 데 없으리라. 조선을 49일 동안 쓸고 외국으로 건너가서 전 세계를 3년 동안 쓸어버릴 것이니라."(『도전』 7:41:1-5)고 밝혔다.

3년 동안 전 세계를 휩쓰는 괴질은 가을 추수기에 열매를 맺지 못한 인간, 즉 성숙하지 못한 인간을 전멸시켜 버릴 것이다. 이는 가을 개벽기에 지구 전체 인종을 심판하여 인간씨종자를 추리는 일종의 병겁심판으로 이해할 수 있을 것이다. 이때엔 오직 '시천주'에서 말하는 천주만을 성경신을 다해 일심으로 믿고 천주의 무극대도를 닦아내면, 사람은 누구나 괴질을 극복할 수 있으며, 후천의 새로운 인간으로 거듭나 새 세상에 살게 될 수 있다는 것을 수운은 염두에 두고 있었을 것이다. 「권학가」의 "그말저말 다 던지고 한울님을 공경하면 아동방我東方 삼년괴질三年怪疾 죽을염려念慮 있을소냐."는 이를 두고 한 말이다.

무극대도의 출현

후천 가을개벽기에 3년 괴질에서 인류를 건지고, 후천 오만 년의 무극지운의 운수를 이끌어갈 수 있는 대도가 나와야 한다. 그래서 수운은 「몽중노소문답가」에서 "만고에 없는 무극대도無極大道가 이 세상에 날것이니."라고 말했고, 「용담가」에서 "무극대도無極大道 닦아내니 오만 년지五萬年之 운수運數로다."라고 했다.

후천 오만 년의 무극지운에 걸 맞는 도는 무극대도이다. 그것은 기존의 도와 현격히 다르다. 왜냐하면 기존의 도는 선천 생장 분열의 시대를 이끌어 왔었지만, 무극대도는 후천 수렴 통일의 시대를 이끌어야 하기 때문이다. 그래서 수운은 「교훈가」에서 "유도 불도 누천년의 운이 역시 다했던가. 윤회가치 돌린 운수 내가 어찌 받았으며."라고 언급했던 것이다. 무극대도는 선천개벽으로 전개된 유교의 묵은 도도

●용담정 배치도

❶ 사 각 정
❷ 용 담 정
❸ 성 화 문
❹ 관 리 실
❺ 수 도 원
❻ 포 덕 문
❼ 수 운 동 상

아니요, 불교의 묵은 도 또한 아니며, 선도의 묶은 도가 아니다. 그것은 다시개벽으로 열리는 후천 가을개벽의 대도이다. 그래서 후천 가을 대개벽기에는 무극지운에 걸맞는 무극대도가 출현하여 인간과 만사를 주도적으로 이끌어 가게 되는 것이다.

그럼 만고에 없는 무극대도는 어디에서 어떻게 나오는 것일까? 그것의 소자출所自出은 당연히 절대자 천주에 근거해야 한다. 왜냐하면 무극대도란 '더 이상의 상위가 없는 최고의 도', 즉 지존무상至尊無上의 대도를 뜻하기 때문이다. 그것을 수운은 경신년 신비체험 이후 천주로부터 직접 내려 받았다. 그가 받은 무극대도는 다시개벽으로 열리는 가을 개벽의 도이기 때문에 천지가 개벽하여 일월이 새롭게 비치는 밝은 도이다. 그렇기 때문에 수운은 "나의 도는 지금에도 듣지 못하고 예전에도 듣지 못한 일이고, 지금에 비할 데 없고 예전에도 비할 데 없는 법이다."[179]라고 말했던 것이다.

그런데 수운은 무극대도가 무엇인지를 구체적으로 밝히지 않았고 또한 이를 세상에 펼치지도 못했다. 그 까닭에 대해 증산상제는 "최수운崔水雲에게 천명天命과 신교神敎를 내려 대도를 세우게 하였더니 수운이 능히 유교의 테 밖에[180] 벗어나 진법을 들춰

---

179 "吾道 今不聞古不聞之事 今不比古不比之法."(『東經大全』「論學文」)
180 그 까닭은 수운이 대도를 세상에 펼치기도 전에 처형됐기 때문이기도 하지만, 또 하나의 요인은 그가 유교의 틀을 벗어던지지 못했다는 것이다. 그는

내어 신도神道와 인문人文의 푯대를 지으며 대도의 참 빛을 열지 못했다."(『도전』 2:30:14~15)고 전한다. 왜냐하면 수운은 천주로부터 받은 천명을 온전히 밝혀 세상에 전하기도 전에 부패하고 무능한 조선의 조정에 의해 좌도난정左道亂政이란 죄목으로 몰렸고, 결국 1864년 2월 추운 겨울날 대구 장대에서 형상의 이슬로 사라지고 말았기 때문이다.

그래서 천상에서 신교의 가르침으로 '시천주 주문'을 내리고, 다시개벽으로 오는 성운을 오만 년 동안 주도해 나갈 무극대도를 세우도록 천명을 내렸던 우주의 주재자 상제가 마침내 인간의 몸으로 직접 오셨다. 인간으로 오신 상제, 이 분을 증산도에서는 "증산甑山 상제님"이라 호칭한다. 이에 대해서 증산상제는 "드디어 갑자甲子(道紀前 7, 1864)년에 천명과 신교를 거두고 신미辛未(道紀 1,1871)년에 스스로 이 세상에 내려왔나니 동경대전東經大全과 수운가사水雲歌詞에서 말하는 '상제'는 곧 나를 이름이니라."(『도전』 2:30:16~17)고 하여 자신의 신원을 밝혔던 것이다.

증산상제는 우주만물을 조화권능으로 주재하여 다스리는 지존무상의 천주이고, 무극대도의 원 주인이다. 인간으로 오시기

「수덕문」에서 유교에서 말하는 "인의예지"의 도에 대한 가르침을 "수심정기"의 수행으로 정하고, 도성덕립에 이르는 길을 가르쳤을 뿐이다. "수심정기"의 수행법은 일차적으로 성경신을 다해 시천주를 하는 것이고, 이차적으로 시천주를 통해 도성덕립을 위한 방편일 뿐이다.

전에 천주는 1860년 천상에서 수운과 직접 대화를 나누었고, 그에서 성령으로 무극대도를 내려주었던 그 상제이다. 그러나 천상의 상제는 갑자(1864)년에 수운에게 부여했던 천명과 신교를 거두고 무극대도를 세워 지상 낙원을 건설할 목적으로 직접 인간으로 강세하게 된 것이다. 상제의 지상강세는 수운이 처형된 해(1864)로부터 8년이 되는 1871년이다.[181] 수운이 죽은지 8년 만에 강세한 까닭을 증산상제는 "너의 동토東土에 인연이 있는 고로 이 동방에 와서 30년 동안 금산사 미륵전에 머물면서 최제우에게 천명天命과 신교神敎를 내려 주었더니, 조선 조정이 제우를 죽였으므로 내가 팔괘갑자八卦甲子에 응하여 신미辛未(道紀 1, 1871)년에 이 세상에 내려왔노라."(『도전』 2:94:6~7)고 선언했던 것이다.

무극대도는 가을개벽으로 열리는 후천 오만 년의 성운을 이끌어갈 대도이다. 무극대도의 조화권능을 가진 증산상제는 후천 개벽공사를 통해 선천의 상극질서를 후천의 상생의 질서로 전환하여 신천지 오만 년 선경낙원의 운수를 짜 놓았고, 무극대도의 조화로써 만고에 쌓인 원한을 총체적으로 풀어내어 상생의 세상이 되도록 하였으며, 모두가 무극대도를 닦음으로써 괴질 3년의 대개벽기에 새 생명으로 거듭나 후천 오만 년의 무궁한 조화의 삶을

---

181 일설에 의하면 수운은 죽음의 직전에 "더디도다, 더디도다, 천하의 무극대도가 8년이 더디도다"라고 말하여 무극대도가 더디게 도래함을 안타까워하면서 죽어갔다고 한다.

누릴 수 있게 하였다. "내가 천지를 개벽하여 하늘과 땅을 뜯어고치고 무극대도無極大道를 세워 선천 상극의 운을 닫고 조화선경造化仙境을 열어 고해에 빠진 억조창생을 건지려 하노라."(『도전』5:3:2-4)고 한 뜻은 이를 말해준다. 그러므로 수운이 이루고자 했던 지상 선경낙원은 결국 증산상제의 후천 가을개벽공사를 통해서 완성된다고 볼 수 있다.

맺음말

수운이 동학을 창도한 까닭은 궁극으로 무엇이라고 말할 수 있을까? 그가 바라는 세상은 이상세계의 건설이었을 것이다. 그것은 인간 각자가 본래 천주로부터 부여받은 본연의 생명성을 회복하여 무두가 한마음이 되어 살며, 국태민안國泰民安이 된 상태에서 평화낙원의 문명사회를 구축하고, 지구촌 인류가 한 가족이 되는 대동세계를 염두에 두었을 것이다. 그러한 세계를 열고자 동학을 창도하였을 것이다.

그러나 그가 살았던 당시의 시대적 상황은 선천에서 후천으로 넘어가는 말기의 시점이었다. 선천 시대에는 자연과 인간과 문명이 각기 성장을 위해 힘을 기울여 왔었기 때문에, 선천말기의 인류사는 모두 약육강식과 분란투쟁으로 얼룩져 있었고, 인간의 윤리도덕이 땅에 떨어지고 사회질서가 혼란해져 참혹한 삶의 과정이었다. 그러한 시대적 상황을 그는 쇠운衰運의 시기로 진단했던 것이다.

선천 말기는 왜 참혹한 세상이 되어버리는 것일까? 그것은 상극相克의 질서가 주류를 이루어 만유의 생명이 그 질서에 의해 운용되어왔기 때문이다. 여기에서 상극이라 함은, 음양오행陰陽五行의 원리에서 볼 때, 서로 살린다는 뜻의 상생相生에 반대개념이다. 이러한 상극의 질서가 중심이 된 자연, 문명, 인간은 각자 생존과 성장을 도모하기 위해 온 힘을 기울여 왔고, 서로간의 경쟁과 투쟁으로 일관됐던 것이다. 자연, 문명, 인간이 상극의 질서에 의해 운용되다보니 인간 생명계의 질서는 도의道義에서 벗어나게 되고, 세상이 원한으로 얼룩질 수밖에 없었으며, 이러한 원한이 쌓이고 쌓여 삼계에 넘쳐서 살기가 가득 찬 세상이 되었던 것이다.

그래서 수운은 목숨을 건 수도를 하였고, 마침내 절대자 천주로부터 직접 무극대도를 전수 받았다. 그는 운수순환론에 의거해서 후천 가을개벽기에 오만 년을 주도할 무극의 운수가 도래한다는 것을 깨달았으며, 인류가 선천 여름에서 후천 가을로 넘어가는 전환기에 발생하는 3년 괴질을 극복하여 새 세상으로 거듭나 지상 선경 세상에 살도록 무극대도를 세우라는 천명을 받았던 것이다. 그러나 수운은 무극대도를 세상에 펼치기도 전에 조정에 의해 죽임을 당했다. 그래서 무극대도의 원 주인 천주가 인간으로 직접 강세하게 됐던 것이다.

인간으로 강세한 천주는 바로 수운에게 천명을 내렸던 상제요 곧 삼계 대권을 가진 우주의 주재자이다. 인간으로 오신 증산상제는 지상 선경세상을 열기 위해서 1901 년부터 1909년까지 9년 동안 역사상 전무후무한 후천 가을 천지개벽공사天地開闢公事를 집행했다. 이러한 사실은 "동학 주문에 '시천주조화정侍天主造化定'이라 하였으니 나의 일을 이름이라. 내가 천지를 개벽하고 조화정부를 열어 인간과 하늘의 혼란을 바로 잡으려고 삼계를 둘러 살피다가 너의 동토에 그친 것은 잔피屠疲에 빠진 민중을 먼저 건져 만고에 쌓인 원한을 풀어주려 함이라. 나를 믿는 자는 무궁한 행복을 얻어 선경의 낙을 누리리니 이것이 참동학이니라."(『도전』 3:184:8–12)고 한 것에서 확인할 수 있다.

하늘과 땅을 뜯어고치는 천지공사天地公事는 우주

●구미산 자락에 위치한 최수운 대신사의 묘…1864년 3월에 대구 장대에서 처형된 대신사의 시신은 구미산 대립골에 안치되었다가(3월 17일), 1907년에 바로 아래로 이장되어 오늘에 이르렀다.

적 차원에서 전개되는데, 후천개벽의 오만 년 새 운수를 열기 위한 것이다. 천지공사의 궁극 목적은 선천의 상극 운을 후천 상생의 운으로 바꾸어 지상 선경세계를 건설하기 위함이다.

> "내가 이제 후천을 개벽하고 상생의 운을 열어 선善으로 살아가는 세상을 만들리라. 만국이 상생하고 남녀가 상생하며, 윗사람과 아랫사람이 서로 화합하고 분수에 따라 자기의 도리에 충실하여 모든 덕이 근원으로 돌아가리니 대인대의大人大義의 세상이니라." (『도전』 2:18:3-5)

이와 같이 선천 상극의 운을 닫고 후천 상생의 운을 여는 천지개벽공사는 아무나 하는 일이 아니다. 그것은 오직 무궁한 조화 섭리를 가진 우주의 주재자 상제만이 해낼 수 있는 일이다.

후천의 무궁한 운수를 열고 지상 선경낙원을 조성하기 위해서는 자연이든, 문명이든, 인간이든, 선천에서 누적되어온 모든 원한을 먼저 말끔히 풀어내야 한다. 그래야만이 후천 상생의 세상을 열 수 있기 때문이다. 그래서 증산상제가 집행한 후천개벽공사는 곧 병든 천지와 문명과 사회를 총체적으로 해원하는 천지해원공사가 되는 것이다. "파리 죽은 귀신이라도 원망이 붙으면 천지공사가 아니니라."(『도전』 4:48:4), "한 사람의 원한이 천지기운을 막느니라."(『도전』 2:68:1)는 이를 말해주고 있다.

가을 천지개벽공사는, 큰 틀에서 보자면, 선천의 천지질서를 후천의 천지질서로 전환하는 것이고, 이것이 천시에 맞게 역사로 전개될 수 있도록 천지도수天地度數를 정하는 일이다. 그러나 구 천지의 도수를 뜯어 고쳐 상생의 새 천지도수를 정하는 일은 증 산상제가 혼자서 임의적으로 짜는 것이 아니다. 동학에서 '천주 를 모시고 조화세계를 정한다[侍天主造化定]'이 명시하였듯이, 천주이신 증산상제가 신명들과 뭇 성신들, 그리고 인간이 참여하 여 전체적으로 조화를 이룰 수 있도록 새 천지 상생의 도수를 짜 는 일이 바로 천지개벽공사이다.

천지도수를 정하는 천지개벽공사는 신명조화정부를 결성하여 도수를 짜는 것으로부터 출발한다. "천하의 모든 사물은 하늘의 명命이 있으므로 신도神道에서 먼저 짓나니 그 기운을 받아 사 람이 비로소 행하게 되느니라."(『도전』 2:72:2~3)고 하였듯이, 세상 의 모든 일은 신명에 의해 주관되기 때문이다. 이는 "이제 천지도 수天地度數를 뜯어고치고 신도神道를 바로잡아 만고의 원을 풀며 상생의 도道로써 선경의 운수를 열고 조화정부를 세워 함이 없 는 다스림과 말 없는 가르침으로 백성을 교화하여 세상을 고치리 라."(『도전』 4:16:2~7)고 말한 것에서 확인할 수 있다.

그러므로 천지개벽의 도수는 자연개벽, 인간개벽, 문명개벽공 사로 집약되며, 도수에 닿는 대로 역사 속에 실현되는 진리이다. 자연개벽은 '일부一夫가 내일 한 가지는 했다'고 했듯이 우주운행의 정역도수에 따라 열리게 되는 것이고, 인간개벽은 수운이 말한 3년 괴질로 인류의 씨종자를 추림으로써 가을개벽의 열매인간을 거듭나게 되는 것이며, 문명개벽은 천지 개벽전쟁으로 선천의 문명이 정리되면서 후천의 새 문명이 열리게 되는 것이다. 그래서 증산상제는 "내가 천지운로天地運路를 뜯어고쳐 물샐틈없이 도수를 굳게 짜 놓았으니 제 도수에 돌아 닿는 대로 새 기틀이 열리리라."(『도전』 5:414:3)고 하였다. 계절의 변화가 자연스레 진행되는 것과 마찬가지로 도수로 굳게 짜여진 후천 가을 대개벽의 역사는 자연의 원칙에 순응하여 그 절차와 시기에 따라 그대로 실현되는 것이다.

참고문헌

경전류

『甑山道 道典』
『東經大全』
『용담유사』
『周易』
『大學』
『中庸』
『道德經』
『詩經』
『書經』
『正易』
『Bible』

단행본류

김지하,『동학 이야기』, 서울 : 솔, 1999.
김용옥,『도올심득 동경대전 1』, 서울 : 통나무, 2004.
김철수,『전봉준 장군과 동학혁명』, 대전 : 상생출판, 2011.
김충열,『중국철학사-중국철학의 원류』, 서울 : 예문서원, 1994.
김형기,『후천개벽사상 연구』, 서울 : 한울아카데미, 2004.
문계석,『철학의 근본문제』, 대전 : 이화출판사, 1996.
문계석,『생명과 문화의 뿌리 삼신』, 대전, 상생출판, 2011.
徐敬德,『花潭集』「原理氣」.
성백효 역주,『大學·中庸集註』, 서울 : 전통문화연구회, 1999.
邵康節,『皇極經世書』「外篇」上.
소강절 지음, 노영균 옮김,『황극경세서』, 서울 : 대원출판, 2002.
안경전 역주,『환단고기桓檀古記』, 대전 : 상생출판사, 2012.
안경전 역주,『三聖紀(桓檀古記 1)』, 대전 : 상생출판사, 2010.
안경전 역주,『檀君世紀(桓檀古記 2)』, 대전 : 상생출판사, 2010.
안경전,『개벽 실제상황』, 서울 : 대원출판, 2005.

양우석,『천국문명을 건설하는 마테오리치』, 대전 : 상생출판, 2008.

오문환 편저,『수운 최제우』, 서울 : 예문서원, 2005.

요한네스 힐쉬베르거, 강성위 옮김,『서양 철학사(상권·고대와 중세)』, 대구 : 이문출판사, 1988.

尹錫山,『동학교조 수운 최제우』, 서울 : 모시는 사람들, 2004.

尹錫山 註解,『東經大全』, 서울 : 동학사, 1998.

윤종빈,『正易과 周易』, 대전 : 상생출판사, 2009.

위앤커 지음, 전인초·김선자 옮김,『중국신화전설』역주본 1, 서울 : 민음사, 1996.

이돈화 편,『천도교창건사』, 서울 : 천도교중앙종리원, 1933.

이세권,『동학사상』, 서울 : 도서출판 늘 하늘, 2002.

李世權,『註解 용담유사』, 서울 : 正民社, 1983.

李正浩,『正易研究』, 서울 : 國際大學 人文社會科學研究所, 1976.

朱子,『周易』『易本義圖』.

최동희·이경원,『새로 쓰는 동학』, 서울 : 집문당, 2003.

표영삼,『수운의 삶과 생각, 동학 1』, 서울 : 통나무, 2004.

하야시 미나오 지음, 박봉주 옮김,『중국고대의 神들』, 서울 : 영림카디널, 2004.

논문류

강영한,「너는 상제를 모르느냐」『잃어버린 상제문화를 찾아서(동학)』, 대전 : 상생출판, 2010.

김경재,「동학의 신관」,『동학혁명 100주년 기념논총』. 1994.

김정설(범부),「최제우론」,『풍류정신』, 서울 : 정음사, 1987.

김경재,「崔水雲의 神觀」,『한국사상』 12집, 서울 : 한국사상연구회, 1974.

김용해,「그리스도교와 천도교의 신관 비교」,『수운 최제우』(오문환 편저), 서울 : 예문서원, 2005.

김현일,「역사적으로 본 동학의 개벽사상」『잃어버린 상제문화를 찾아서(동학)』, 대전 : 상생출판, 2010.

양재학,「후천개벽의 필연성」,『甑山道思想』제4집, 서울 : 대원출판, 2001.

원정근,「증산도의 조화관」,『잃어버린 상제문화를 찾아서(동학)』, 대전 : 상생출판, 2010.

유권종,「茶山의 천관」,『정약용』, 서울 : 고려대 출판사, 1990.

유 철,「동학의 시천주주문」『잃어버린 상제문화를 찾아서(동학)』, 대전 : 상생출판, 2010.

윤사순,「유학의 자연철학」,『조선유학의 자연철학』, 서울 : 예문서원, 1997.

천병돈,「'천지개벽'에 관한 문헌적 고찰」,『甑山道思想』제4집, 서울 : 대원출판, 2001.

황경선,「수운水雲 최제우崔濟愚에게서 선仙의 문제」,『잃어버린 상제문화를 찾아서(동학)』, 대전 : 상생출판, 2010.

월간지

문계석,「성령 하느님을 통한 구원의 의미」,『개벽』, 2012년 8월호.

찾아보기

19세기
조선의 생활모습

수부 首婦
고판례

당래등 판大소리
이십사장

上帝 · 侍天主 · 東學
십어티인
상제문화
동학

증산도 상생문화연구총서

팔장

근본으로
돌아가라

正易句解

正易과 天文曆

周易參同契

易

正易과 周易

당태종唐太宗과이십사장二十四將

이십사장은 이연李淵을 도와 딩 왕조를 건립하고,
또 현무문玄武門의 정변에서 진왕秦王 이세민李
世民을 도와 그가 황제로 등극하는데 결정적인 공
을 세운 24명의 공신을 말한다.

이재석 저 | 512쪽 | 값 20,000원

광무제光武帝와 이십팔장二十八將

이십팔장은 후한 광무제 유수劉秀가 정권을 수립하
는데 큰 공을 세운 스물여덟 명의 무장을 말한다.

이재석 저 | 478쪽 | 값 20,000원

잃어버린 상제문화를 찾아서 동학

상제관이 바로 서지 않으면 우주만물의 원 주인
도 제자리를 잡지 못한다. 그래서 이 책은 최수운
이 창도한 동학에서 상제관 바로 세우기의 일환
으로 집필되었다.

증산도상생문화연구소 | 255쪽 | 값 15,000원

격동의 시대 19세기 조선의 생활모습

이 책은 19세기의 사회상을 리얼하게 보여주려는
자료집이다. '증산상제의 강세를 전후한 모습, 곧
선후천의 갈림길에 선 19세기 조선의 모습'이다.
김철수 저 | 311쪽 | 값 20,000원

근본으로 돌아가라 【원시반본, 보은, 해원, 상생】

개벽을 극복하고 후천선경을 건설하기 위해 인간은
어떠한 삶을 살아야 하는가를 증산 상제님의 행적과
가르침이 담긴 『증산도 도전』을 중심으로 설명
유 철 저 | 301쪽 | 20,000원

인류의 어머니 수부首婦 고판례

강증산 상제님의 종통을 계승한 고판례
수부님의 숭고한 사랑과 은혜의 발자취.
노종상 저 | 454쪽 | 값 20,000원

정역과 주역

김일부선생의 생애와 학문적 연원에 대해 쉽게 설명을 하고있으며, 정역을 공부할 수 있게 대역서의 구성원리와 서괘원리, 중천건괘와 중지곤괘에 대한 해석을 하고있다.

윤종빈 저 | 500쪽 | 값 20,000원

정역구해

김일부의 『正易』을 한 구절씩 낱낱이 풀이한 입문서에 해당한다. 정역을 전문으로 연구하는 사람들은 물론, 처음 배우는 사람들을 대상으로 삼고 있다.

권영원 저 | 500쪽 | 값 25,000원

정역과 천문력

한평생 정역을 공부한 저자가 강의록을 책으로 출간하였다. 이 책을 통해 저자는 세상에 처음으로 수지도수手指度數의 실체를 드러내었다. 정역의 핵심인 수지도수의 이론과 동양천문에 대해서 쉽게 도해로 설명하고 있다.

권영원 저 | 656쪽 | 값 29,000원

주역참동계

만고 단경왕丹經王인 주역참동계를 통해서 저자는 동양의 내외단과 서양의 연금술의 전통이 일치함을 주장한다. 지금까지의 참동계 관련 문헌을 총정리하였으며, 도장경에 나오는 참동계관련 도해를 처음으로 소개하여 독자들의 이해를 높였다.

임명진 저 | 600쪽 | 값 29,000원

증산도 상생문화 총서

인류문명의 뿌리, 東夷

인류문명의 시원을 연 동방 한민족의 뿌리, 동이東夷의 문명 개척사와 잃어버린 인류 뿌리역사의 실상을 밝혔다.

김선주 저 | 112쪽 | 6,500원

인류원한의 뿌리 단주

강증산 상제에 의해 밝혀진 반만 년 전 요임금의 아들 단주의 원한, 단주의 해원 공사를 바탕으로 전개되고 있는 상생문명건설의 실상을 보여준다.

이재석 저 | 112쪽 | 값 6,500원

일본고대사와 한민족

수많은 백제인의 이주와 문화전파에 따른 문화혁명, 그리고 문화 선생국 백제의 멸망. 그 때마다 일본이 보여준 태도는 모두 한가지 사실로 모아진다. 곧 '일본 고대사'는 한민족의 이주사'라는 사실이다.

김철수 저 | 168쪽 | 값 6,500원

생명과 문화의 뿌리 삼신三神

삼신은 만유생명의 창조와 문화의 뿌리이며 한민족의 정서에는 유구한 정신문화로 자리매김 되어 있음을 보게 된다.

문계석 저 | 196쪽 | 값 6,500원

천국문명을 건설하는 마테오리치

살아서 뿐만 아니라 죽어서도 새 시대 새 문명을 여는데 역사하고 있는 마테오리치의 생애를 집중조명한다.

양우석 저 | 140쪽 | 값 6,500원

일본의 고古신도神道와 한민족

우리가 왜 일본의 고대사에 주목하는가? 그것은 일본 고대사의 뿌리가 한민족에 있기 때문이다.

김철수 저 | 239쪽 | 6,500원

만고萬古의 명장名將, 전봉준 장군과 동학혁명

전봉준의 혁명은 동학의 창도자 최수운이 노래한 세상, 곧 후천 오만년 운수의 새 세상을 노래한 것이었다.

김철수 저 | 192쪽 | 6,500원

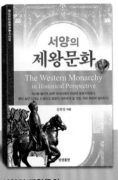

서양의 제왕문화

역사를 돌이켜보면 역사시대의 태반은 왕정시대였다. 이 책은 고대로부터 현대에 이르기까지 이러한 서양 왕정의 역사를 간략히 조망한 책이다.

김현일 저 | 215쪽 | 값 6,500원

천지공사와 조화선경

증산상제가 제시한 우주문명의 새로운 틀짜기와 판짜기의 프로그램이 바로 '천지공사天地公事'이다.

원정근 저 | 136쪽 | 값 6,500원

천주는 상제다

『천국문명을 건설하는 마테오 리치』의 자매편으로 동서양의 종교를 대표하는 기독교와 신교의 신인 천주와 상제가 결국은 동일하다는 사상을 주제로 삼는다.

양우석 저 | 151쪽 | 값 6,500원

홍산문화
【한민족의 뿌리와 상제문화】

홍산문화의 주인공은 동이족의 주체세력이며, 적석총·제단·여신묘의 제사유적군은 상제문화를 대표로 하는 한민족의 뿌리문화를 보여주는 것이다.

김선주 저 | 144쪽 | 값 6,500원

주역周易과 만나다

주역 64괘중 기본괘인 건괘, 곤괘, 감괘, 리괘와 겸괘, 사괘, 대유괘, 혁괘를 정리한 주역입문서.

양재학 저 | 285쪽 | 값 6,500원

도道와 제帝

개벽사상에 대한 새 담론은 도道와 제帝의 관계에서 출발하며, 인류문명의 패러다임의 전환이 어떻게 가능한가 하는 물음이 담겨 있다.

원정근 저 | 188쪽 | 값 6,500원

하도낙서와 삼역괘도

인류문명의 뿌리인 하도와 낙서의 세계와 복희팔괘, 문왕팔괘, 정역팔괘를 쉽게 정리한 입문서.

윤창열 저 | 197쪽 | 값 6,500원

원한을 넘어 해원으로

140여 년 전 증산상제가 밝혀 준 해원 문제의 '코드'를 현대인들이 보다 쉽게 이해할 수 있도록 재조명 하였다. 원리적 접근과 역사적 경험적 접근으로 다가간다.

이윤재 저 | 186쪽 | 값 6,500원

한민족 문화의 원형, 신교

신교는 상고 이래 우리 겨레의 삶을 이끌어 온 고유한 도로써 정치, 종교, 예술 등이 길어져 나온 뿌리가 되는 원형문화다.

황경선 저 | 191쪽 | 값 6,500원

어머니 하느님
【정음정양과 수부사상】

상제의 수부이자 만 생명의 어머니인 태모사상을 통해서 어머니 하느님 신앙의 새로운 의미를 되살펴보고, 진정한 여성해방의 길이 무엇인지를 모색하고 있다.

유 철 저 | 189쪽 | 값 6,500원